日本の心を伝える空手家　銘苅拳一

日本の心を伝える空手家 銘苅拳一

炭粉良三

海鳴社

もくじ

かつて……

銘苅拳一は反日感情渦巻くとされる中国、その南京の学生６万人を擁する大学の体育館にて、日本刀を使い、空手の演武を行なった。日本人会は「命にかかわるぞ！　日本刀を使うのは止めたほうが良い！」と忠告してきたが、銘苅は「私は親善のためにやるのだ！　それに自分の命は自分で守る！」と、決然と体育館に向かった。はたして、その体育館は 1500 人収容であったが、当日は 3000 人の中国人の学生たちが集まった。そして中国人たちは皆、銘苅の演武を絶賛したのだ。

それから５年後、銘苅の働きかけにより日本政府は南京に武道館を建てることを承認する。今では日本のさまざまな武道が、その武道館で行なわれるようになった。

序章

「一粒の麦もし地に落ちて死なずば、一つにてあらん。死なば、多くの実を結ぶべし」
（新約聖書「ヨハネによる福音書」第十二章二十四節）

この男を見よ！

終戦数年後の、沖縄。
レスラー崩れ、ボクサー崩れが割拠する戦勝国アメリカの占領軍。
彼らの挑戦に唯一人立ち向かうは、痩せて枯れた翁。
固唾を呑み見守る一人の少年の眼前にて、やがて展開される奇跡。

舞うが如く柔らかに、
風の如く自然に、
その翁・知花朝信《ちばなちょうしん》は彼らの挑戦を捌いてゆく。

少年は見た！　その目で、しっかりと。
そしてその少年に魔法の如き技を見せて後、やがてその名人はこの世を去る。

さあ、ゆけ！　少年・銘苅拳一《めかるけんいち》よ。
この素晴らしい「麦」を伝えるのだ。
この一粒を、万粒にするのだ。

「四方のどこでも赴き、害心あることなく、何でも得たもので満足し、諸々の苦痛に耐えて、恐れることなく、犀の角のようにただ独り歩め」（仏典『スッタニパータ』第一　蛇の章　三・犀の角　四十二　訳：中村元）

第一章

（以後敬称略）

一

平成二十六年七月二十七日夜、この日私は関西某市の中華料理屋にて、保江邦夫、ライターの後藤和枝らとの宴席にあった。

その日より少し前、私は保江から「今度、世界的な空手家である銘苅拳一先生の一代記となる本を企画している」とは既に聞いていた。

その時点で、私はその男・銘苅拳一とはまだ知己を得ていなかった。しかしその高名は神戸の空手団体・拳友会会長の畑村洋数から聞いていた。

国際空手道連盟会長にして、中国をはじめ世界中に門弟数八百万人を有するほどの大家。であるにもかかわらず、神戸の一空手団体の長に過ぎぬ畑村の著書『謎の空手・氣空術』を読み感動し、白帯を締めて畑村に教えを乞いにわざわざ神戸の道場にやって来た。爾来、世界中を飛び歩く中で暇を見つけては帰国し、畑村の下で氣空術の稽古に励んでいるという。

私はこの事態を耳にし、少なからず驚いた。たとえ畑村の技に感動したとしても、それほどの立場にある（われわれから見れば）雲上人が普通そこまでの行動に出るものだろうか。「謙虚さ」はなるほどわれわれ武道家の目指すところではあるが、それを常に心がける武道家は実は多くはいない。いたとしても、その「謙虚さ」は内心「自分の方が勝っている」という高慢な思いに裏打ちされている場合が多く、いわんや行動でそれを現し得る武道家の存在を、私は寡聞にして聞いたことがなかったのだ。

「そういう人が、実際にいるのか…」

だからその銘苅拳一の行動は、私にはむしろ「違和感」に思えてしまったのだ。

さて、話は宴席に戻る。

後藤和枝が言った。

「実は私が銘苅先生の本を担当することになっていましたが、私には武道のことはよく分かりません。だから、この仕事は炭粉先生こそ相応しいのではないかと思うのですが…」

それを聞いていた保江が、すかさず相槌を打つ。

「確かにそうだ！　炭粉さん、ここは一つ、炭粉さんに一肌脱いでもらえないだろうか」

ちょうど、手がけていた作品も脱稿寸前だったこともある。私は二つ返事で、その依頼を受けた。


だが、受けた最も大きな理由は…

その男・銘苅拳一とは一体、どんな人物なのだろうか。

まだ見ぬその偉大な空手家への興味からであった。そして、是非とも彼と会い取材し、自分が感じた「違和感」の正体を見極めたい。

そういう思いが、その後二カ月ほどして手がけていた作品が脱稿を見た時、私を突き動かしたと言えるだろう。

二

その年の十一月七日の昼下がり、私は新幹線新神戸駅改札口にて、その男・銘苅拳一を待っていた。

その日が初対面だった。

「それほどに謙虚な人ならば、きっと約束の時間より早く着かれる」

私はそう思っていた。

そして、その通りだった。

約束の時間より三十分も早く来たにもかかわらず、銘苅拳一は既に駅構内を歩いていたのだ。

「しまった！　失礼した」

内心、そう思った。そして彼の前に駆け寄り、言った。

「銘苅拳一先生ですね。炭粉良三です！　お待たせ致しました」

「いや～、はじめまして！　今日は宜しくお願い致します」

彼は、決して高くはないその身長をさらに屈し礼を執るや、手を差し伸べて来た。慌ててこちらも、両手で彼の右手を包み込み握手を交わした。

その後、駅構内にある喫茶店に移り、私は琉球泡盛を土産に頂き、恐縮しながらも早速取材を開始した。

神戸に来られた主目的は、畑村の道場での稽古である。それ故取材を長引かせ稽古にロスを生じさせてはならない。

取材はどの道これから幾度も持たなければならないだろう。今日のところは総論的に、大きく話を聞こう。


それにしても、本当に自然体の人だ…

私は今までに多くの武道家や格闘家に会ってきた。その中には威圧的な態度を常とする人達もかなりいた。

これほどに力の抜けた自然体の空手家は、初めてだと言って良いだろう。

無論私も取材の前に銘苅拳一という空手家について、一通りの知識は頭に入れてきていた。

だから、ここでも私はまたしても「違和感」を感じざるをえなかった。

もしその事前知識がなければ、失礼だが「普通の、人の良さそうな年配の男」という風体なのだ。

とはいえ、いつまでもそんな違和感に引きずられてばかりもいられない。私は切り出した。

「銘苅先生、先生はまだ少年の頃、沖縄空手の名人としての誉れ高い知花朝信先生の神技を見られて、空手の道に入られたんですよね。沖縄時代の空手修行について、先ずお聞きしたいのですが…」

「正確に言うと、私が空手をやり出したのは、もっと前です。確か五歳くらいの頃ですか…

知花先生の技を見たのは七歳の時でしたから」

「なるほど、では米軍兵達を見事に捌いた時の知花先生は、その時には既に高齢者だったわけですか？」

「ええ、それはもう、失礼ながら〈お爺ちゃん〉に見えました」

ここで、年譜を確認しておこう。

銘苅拳一は一九四六年一月、沖縄本島の現・南城市に生まれている。

一方、知花朝信は一八八五年、現・那覇市（旧・首里）生まれである。従って、銘苅が七歳の時に知花は既に六八歳だったことになる。なるほど、当時としては充分高齢者と言えよう。ましてや七歳の少年の目には、さぞや〈お爺ちゃん〉に見えたことだろう。

余談だが、先の大戦に於ける我が国の終戦が一九四五年だから銘苅は終戦後に生まれたことになるが、あの激しい戦闘地と化した沖縄において、この時間差の意味は大きい。ところで銘苅は「知花朝信先生に挑みかかったのは〈米軍兵〉」と語った。彼が七歳の時は即ち終戦八年後だ。この時まだ沖縄には当然のように米軍〈兵〉がいたのだ。

いや、今もいる。それは分かっている。第一、沖縄が日本復帰を果たしたのは私が中学生の頃なのだ。それまで、沖縄は「外国」だった。

銘苅の語った「米軍兵」という言葉に、沖縄の人達の長い苦悩を垣間見る思いがした。

銘苅拳一はやがて十二歳の頃、家族と共にブラジル移民となる。そして（驚くなかれ）十四歳という若さで師範代として空手の指導を始めるのだ！

だから、その下地でもある沖縄時代の空手修行を是非聞きたいとはやる私に、しかし彼はこう静かに語った。

「炭粉さん、今度の本で私が最も言いたいことは、空手を通じての国際親善なのです」

三

「は…？　国際、親善…ですか…」

「はい、そうです。それこそが、私の夢であり目標なのです」

銘苅は「国際親善」と言った。

確かに言った。

「世界制覇」とは、言わなかった。

空手をはじめ各種武道の流派の旗頭ともなれば、先ずは日本で大会等をガンガン開き、知名度が上がれば今度は世界に打って出る！　そして世界を席巻したい！　…という野望を持つ武道家は知っているが、親善を先ず謳おうとする武道家がいることを（タテマエは別として）初めて知った。
しかし銘苅拳一よ、空手は所詮突き蹴り、即ち非常に野蛮且つ直接的な格闘技だ。こんなモノを引っ提げて、一体どうやって「親善」しようというのか？

私の顔に、そう書いてあったのだろう。
銘苅は次にこう言った。

「炭粉さん、空手…いえ、手（ティー）は何も殴り合い、蹴り合いだけではありません。投げ技もあればスカし技もあります。手がやがて唐手（トウディー）、そして本土に渡って『空手』と呼ばれるようになった時、既に隆盛を極めようとしていた柔道に遠慮し、打撃技以外を晒すことを敢えて伏せたのです」

それからしばらくの間、銘苅は自分が少年の頃の空手…いや、手の稽古の様子を話してくれた。私はまるで「日本昔話」でも聞くように、その話に引き込まれる。

今から六十年以上も前のこと。

沖縄では、民家の庭先に「強くなりたい」と願う男の子達が集まって、手や沖縄相撲（日本の相撲と違い、捨身技がある）の練習をし初める。その中の先輩格の男が、少年達に技を教えた。武道だという見地から、準備運動などはない。道場とてない、庭先稽古。突きや蹴りの形が出来て来たら、（今で言う）約束一本組手などを行うが、子供には自由組手は危ないからやらせない。その代わり、ナイファンチ（空手の型の一つ）の型をよく稽古した。

やがて先輩格の男が稽古生らを見て、「お前は突きがダメだから、突きが強いことで有名な○○先生の所へ行ってこい」「お前は蹴りが下手だから、蹴り技で有名な△△先生の所へ行け」とアドバイスを与える。つまりこの頃の沖縄では、流派という感覚が稀少であり（実は既に、あるにはあった。知花朝信は一八九九年、〈首里手〉の名人・糸洲安恒《いとすあんこう》に弟子入りしているし、その知花が小林《しょうりん》流を興すのは一九三三年。何れも銘苅が生まれる前である）、いや稀少というよりは「とらわれ」がなかったのだ。

銘苅は言う。「流派間の技の云々というよりも『○○先生の突き』『△△先生の蹴り』というように、その先生の個人技量を言ってました。そして武勇伝も。だから『重厚な剛柔流』『華麗な糸東流』などといい出したのは、随分と後になってからと記憶します」

「入門」「門下」そして、それぞれの「矜持」。

故に「門外不出」の合い言葉の下、〈他流〉試合でしばしば血を見て来た内地の武術史とは非常に異なる、大らかな考え。

そうか…少し、分かって来た。

私も過去二回、沖縄を訪れている。

青い空！　白い雲！　珊瑚礁に輝く海！

美しくも長閑な風景の中で、平和を望む人達が住む島、沖縄。

今、判った。

私が「違和」と感じたものの正体とは、銘苅拳一という空手家の態度や発言などではなかったのだ。

逆だ！

彼は沖縄人として、そして「手」の使い手として、ただ自然に語っているだけなのだ。

私達内地人の方こそが、これを勝手に「空手」と称して曲解していたのだ。

それは銘苅の次の言葉で、より鮮明になった。


「空手着もなければ段位もない。みんな着の身着のままで練習したものです。その頃ね、『ティーナラヤー』と『ティーチカヤー』という言葉がありました。分かりますか？『ティーナラヤー』は『手習い』、つまり初心者や練習生。『ティーチカヤー』は『手使い』、つまり上手になった者のこと。これだけだったのです」


そうか…そうなんですね、銘苅先生。

先生は昔、ティーナラヤーだった。

そして、やがてティーチカヤーになられた。

空手家ではなかなか出来ない謙虚さと、そして国際親善。

お聞きしましょう！

これからしばらくの間。

ティーチカヤー・銘苅拳一が語る、その物語を。

こうしてそれ以降、私は彼の一時帰国に合わせて数度にわたり東京に出向き、取材を続行することになるのである。

四

「もともと私の両親は、満州に移っていました。父親が兵隊で満州にいましたので。けれども終戦になって、沖縄に戻りました。そして沖縄で私は、姉三人、妹一人の中でただ一人の男の子として生まれました」

なるほど、銘苅拳一の柔和な人柄は、父親以外は皆女という家庭環境から来るものか…と、話を聞いていて思った。

「では、沖縄に生まれた先生が十二歳の頃に家族でブラジルに移民として渡られるまでの間は、概ね庭先で手（ティー）の稽古をしてらっしゃった訳ですね。それなら一体どうしてブラジル移民になられたんでしょうか。差し障りなければその辺をお聞かせ願えないでしょうか」

「終戦で、日本は米軍によって焼け野ヶ原にされてしまいました。特に沖縄は本当に完膚なきまでに壊されてしまった」

「聞いています。地形が変わるほどの攻撃だったとか。あの平和で美しい南の島々が…それに沢山の人達がその犠牲に」

「ええ、けれども生き残った者達は何とか生きていかなければなりません。当時、政府は移民を勧めていたのです。日本にはもう何もなくなってしまっていたからです。中でも南米への移民政策は強力に推し進められ、一種のブームにもなっていました。だから私達もブラジルに行くことになったのです」

しかし移民達は、その先で凄まじい艱苦《かんく》を舐めることになる。

日本政府は彼らを送り出すだけは送り出し、その後は一切の援助措置を採らなかったのだ。焦土と化した日本国内の人口を何とか減らそうとしたのだろうし、移民の方々にはお気の毒だが、とても援助など出来る状態ではなかったことは容易に想像出来る。

「だから私達は何から何まで全部、自分達の力でやるしかなかった。ジャングルを切り開き、農場にし、それはもう皆さん必死でした」

「では、とても稽古どころではなかったでしょうね、銘苅先生も」

「ところが、そうでもなかったんです」

五

「初め私達はサンパウロ市から三百キロほど離れた村に辿り着きますが、その後すぐにサントス市に移り住みました。その頃、山の中には既に沖縄人による植民地的な農場が出来ていて、新里さんという沖縄の人が中心になって頑張っておられました。ところで、この新里さんが実は知花朝信先生のお弟子さんだったのです」

おお、何という幸運だろう！

あの名人・知花朝信の弟子と銘苅拳一は、場所も場所なり沖縄から遠く離れたブラジルの山奥で出会うのだ！

「だから、私もよくその山を訪ねて行き、新里さんから空手を習いました。その頃はもう、手ではなく空手と言ってたと思いますが、空手仲間も六人ほどいました」

「道場は…」

「まだありません（笑）。それから五年ほど経ってから、やっと新里さんがサントス市に道場を出すんですが、それまでは山の中での稽古でした。まあ、もともと沖縄の民家の庭先で皆さん稽古してましたから、別に違和感はありませんでしたが」

銘苅の話を聞いていて、むしろ私は大自然の中での空手の稽古に一種の憧れを抱いた。空手は、実にそのような光景がよく似合う武道だと今でも思っている。思わず私は、拳友会会長の畑村洋数が昔船員時代に船首に立ち、三戦《サンチン》の型を行ったと聞いたことを思い出した。四方、海また海！　その大自然のただ中で演じる三戦！　畑村も、さぞかし雄大な気持ちになったことだろう。

そうなのだ！

空手にはこのような光景が実に良く似合う。

私は、ブラジルのジャングルの中で新里の指導の下、数人の若者が空手の稽古に汗を流す姿を想像した。

銘苅が言うように、数年が経った後で、遂に彼らは所謂「道場」を得る。サントス市に出来た空手道場にて、彼はブラジル人門下生を相手に師範代として稽古をつける。

そしてそれは、彼が三十二歳になって沖縄に一時帰国するまで続くこととなる。

「何故先生は沖縄に帰ろうと思ったんですか」

「それはね、空手の技術を知りたかったからです。少年時代に沖縄を離れましたからね。空手をやればやるほど、やはり本場の沖縄に戻りたい、沖縄では自分がまだ知らない技があるのではないか、とね」

彼はその時、十一歳になるブラジル人少年の門下生を一人連れて帰省している。沖縄ではそれが話題になり、銘苅はその時に少年と共に地元沖縄の新聞などメディアにて紹介されている。

六

昔、知花朝信先生の神技をこの目で見た。
沖縄の空手の奥は深い。
しかし自分は十二歳で沖縄を出てしまった。

きっとあるはずだ、まだ見ぬ技が！
知花先生の神技に繋がる、極意の技が…

だが、この銘苅拳一の切なる希いは、実は裏切られてしまうのだ。
彼は沖縄では非常に有名な、試合で連覇しているという空手家の型演武を見た時に愕然とする。

「な、何だこの型は?!　まるで昔自分が教わった型では、ない…」

型とは本来、動作が途中で途切れるようなことはない。動作から動作へ、それは流れるように連綿と続く。だから名人の型であればあるほど、その表演はあっと言う間に終わる。但し技のスピードが速いという意味ではない。動きの間に〈停止〉することがないのだ。故に、見る者に直ぐに終わる印象を与える。

ところが、このとき銘苅の眼前に繰り広げられた型は「極め」と称し、技が決まったときにいちいち動きを止め、さらにその技の動きもまるで歌舞伎の見栄のように、これ見よがしな派手さを伴っている。

銘苅は思った。

「こんなもの、型じゃない…」

旧知の空手関係者に、だから彼はその後尋ね回った。何故こんなことになったのかと。

無論、銘苅と同年代かあるいは年上の空手関係者は、銘苅と同じことを思っていたという。「そうだ、これはもはや型なんかじゃない」と。

「だが、仕方がないのだ。今や型は如何に派手に難しい動きを美しく決めるかがポイントになる、スポーツになってしまったのだ。あたかも体操競技のように。そしてその趨勢に、われわれは逆らえない」


何故なら、それが空手を日本内地にも普及させるためには不可欠なものだから……

七

違う！

それは…違うぞ！

そんなことをすれば、優れた先達が必死に編み出して来た沖縄の空手の真髄が失われてしまうではないか！

そう思って銘苅拳一は、久し振りに戻った故郷・沖縄の地を見渡した。

先の大戦が終わって久しい。本土復帰を果たし、通貨は米ドルから日本の円に戻った。もはやパスポートなしに本土へも自由に行き来出来る。

だが…

いない!

知花先生のような、かつての名人の姿が見えない!

亡くなってしまわれたか…あるいはこの空手界の現状を憂い、どこかへ隠れてしまわれたか。

ブラジルの空手少年を伴っての帰国だったため、遠くブラジルにも空手が普及したということだけが話題となった故郷・沖縄を、銘苅は失意の内に去る。

僅か一カ月ほどの滞在に、なってしまった。

ブラジルに戻ると銘苅はブラジルでも盛んなボクシングやブラジリアン柔術、そしてかのバーリトゥード（ルールの規制が非常に少ない格闘技の試合形態で、打撃技、投げ技等ほとんどの技が認められる。ポルトガル語で「何でもあり」という意味だが、日本では総合格闘技とよばれている）などの研究を始めた。沖縄に空手の真髄を発見出来なかった以上、こうなったら独力で真髄を発見しなければならない。それには、他の格闘技の胸を借り研究工夫するしかない。彼はそう思った。

その頃、銘苅はブラジルの特殊な格闘技として知られるカポエイラとも対戦している。柔道家の友人と共にカポエイラを見学に行ったときのことだ。

はじめは見学だけのつもりだったが、「ちょっとやり合ってみるか」という話になって（これは格闘家の常である…）、他流試合となってしまった。

しかし銘苅の眼前でその友人はカポエイラ独特の廻し蹴りで朽木倒しに倒されてしまう。受け身も取れず、床に後頭部を打ちつけてのＫＯ負けであった。その様子を見ていた銘苅は次に自分が対戦するとき、一気に間合いを詰めた。体幹を軸にコマのように回転しながら繰り出される廻し蹴りや後ろ廻し蹴り。何の予兆もなく慣性の法則を無視するが如くに急に逆回転して来る連続技は脅威だったが、間合いを詰めてしまえば空手の敵ではなかった。至近距離からの突きで、見事銘苅は友の仇を討った。

やがて自分の弟子達も増え、その中には他の格闘技にも結果を出し始める者も出てきた。そうなると評判が立ち、ブラジルの有名人著名人達も銘苅の門を叩き始めた。サッカーの神様・ペレも道場に見学に来たほどだった。後にブラジルの大統領になることとなる男でさえ、銘苅の門人となった（このことは後の銘苅にとって重要な意味を持つようになるのだが、それについては後述する）。

しかし、やはり彼は思う。

「空手は、これで良いのだろうか…」

第二章

一

「ブラジル時代でそれ以外に、何か印象深かったことなどありましたか？」と問う私に銘苅は、怪力で力道山にスカウトされ、後のアントニオ猪木となる青年に会ったことなど、さまざまな思い出話を聞かせてくれた。

一番嫌だったのは、ブラジルでは十八歳にならないと大人として見てくれず、自由が利かなかったことだったと言う。だから彼は早く大人になりたいと常に思っていたとのこと。十四歳から師範代として空手の指導を行って来た銘苅のことだ、それはわれわれが思う以上に切なる思いだったことだったろう。だから彼はある団体の集まりがあった際、こう口に出して宣言した。

「僕は空手で世界中を回ってやる！」

また、銀行強盗に遭遇したこともあったらしい。ちょうど道場の横に銀行があり、銘苅は道着のままで金を引き出しに行くと、何やら行員が皆、壁際に追いやられていた。「おかしいな」と思ったら、一人の男が両手に拳銃を持って立っていた。銘苅はまさかそれが本物の拳銃と知らずにその男の元にスタスタと歩み寄り、その男の手から拳銃の一つを抜き取って「へー、よく出来てる。本物みたいだね」と言って返してやった。ところがその男の前方で数人の男どもが、袋に札束を詰め込んでいるではないか。さすがに「あ！　これは強盗だ！」と思い至ったという。「しまった、こんなことなら拳銃を返すんじゃなかった。この拳銃野郎は見張り番だったのだ」と思ったが、後の祭だった。

その時、作業中（？）の男どもの中の一人の男が、こう叫んだ。

「おい、お前は日本人の空手家だろう。お前も俺達の国の国情は知っているはずだ。スマンが見逃してくれ！」

仕方なく銘苅は慌てずに、見張り役の拳銃男の元から歩いて退き、射撃から死角になる場所まで逃れた後で冷や汗がどっと出たと言う。警察車両のけたたましいサイレンの音を聞きながら。兎に角、ブラジル人が空手に対して神秘的な強さを盲信していたからこそ助かったと彼は言った。

実は、私にも同様の経験を海外でしたことがある。三十五年ほども前のこと、仕事でフランスのパリを訪れていたときの話だ。折角パリくんだりまで来たのだからと、私は夜のブローニュの森に催される夜店に出かけた。すると、誰かに尻を触られた。見ると、雲突く大男の黒人男性だった。その時私は「東洋人の若い男性はゲイの白人や黒人に好かれる」と聞いていたことを思い出し、ぞっとした。そして足早にその場を去ろうとすると、何とその黒人野郎は追いかけて来るではないか！　焦りから判断ミスを犯した私は絶対にやってはいけないことをしでかしたのだ。つまり、トイレに逃げ込んでしまった。完全に退路を断たれた私。迫り来る黒人野郎。「おのれ、ここでオカマなんか掘られた日にゃ、御先祖様に合わせる顔がない！」と覚悟を決め、やおら空手のポーズを取った。「来るなら来てみろ！　空手でお前を殺してやる！」。するとその黒人野郎は「オウ！　カラテ！　ノウノウ！」と叫んで逃げ去ったのだ。その瞬間、私は両脚がガタガタと震えて腰が抜けそうになったのを、今でも覚えている。私がそのとき助かったのも、その黒人が空手に対して過剰な恐れを抱いてくれていたからこそだ。

海外では、まさに何が起こるか予想もつかない。いわんやずっと海外暮らしの銘苅拳一である、それはいろんな体験を持っていて当然なのだ。

話を戻そう。ともれ沖縄から戻ってしばらくの間、ブラジルで空手の教授を続行しつつ他の格闘技を研究・研鑽する日が続いた銘苅拳一に、やがて大きな転機が訪れる。

日本のある人材派遣会社が、群馬県に出来た自動車の部品製造工場の労働力確保のため、ブラジルに移民した日系人達に目をつけたのだ。

「祖国日本に出稼ぎに来ませんか」というわけだ。

この頃サンパウロ市内等の道場に既に多数の門下生を有していた銘苅に、その日本の人材派遣会社の支部を作ってくれないかとの打診があったのだ。彼の門下生には日系人も少なくない。それ故もし銘苅がその支部を運営してくれれば、日本への出稼ぎを希望する者達も容易に集められるとの、会社側の思惑であった。

そしてそれは、実際にその思惑通りになる。

銘苅はサンパウロ市の日本人街・リベルダーデに会社を興し、日本の人材派遣会社と連携を取り始めた。

派遣業は、順調に推移した。

日本へ派遣した人員の中には、だから門下生達も多数含まれていた。

ブラジル・サンパウロに興した会社にて執務する銘苅拳一

ある時、銘苅はふと思った。

沖縄には戻ったが…そういえば、日本本土へは今まで行ったこともない。派遣した門下生達の様子も知りたいし、この際一度東京を訪れてみるか。

そしてその帰国が、彼に一大転機を与えることになるのだ。

この時、銘苅拳一四十歳。

二

空路日本に渡った銘苅は、東京で一年半あまりを過ごすことになる。これはもちろん仕事としての訪問であったため、この間の彼の空手家としての活動はない。

しかし、運命とは実に不思議な方法にて縁を紡ぐものだ。

そして〈武の神〉は、決して銘苅拳一をそのままに放置することはなかった。

銘苅は、酒を愛した。

それも、どこか小汚いゴチャゴチャした居酒屋街を好んだ（余談だがこの気持ち、同じく酒呑みである私もよく理解できる）。

新宿の通称〈しょんべん横丁〉、だからこの呑み屋街に、彼は足げく通うようになる。

ある日、銘苅は件の人材派遣会社の社長と共に、しょんべん横丁のとある居酒屋に入った。

そこで、大変美しい中国人女性と出会う。なんでも、その店で働きながら勉強している留学生とのことだった。

その女性の兄もその場にいた。

二人とも、日本語はたどたどしい。その（特に妹の方の）たどたどしさがかえって、その時まだ独り身だった銘苅には新鮮かつ可愛く思えた。

それが縁になり、銘苅はその店に頻繁に通い始める。何せ従業員なのだから、その美人中国人女性は銘苅が訪れれば常にその店にいた。

楽しさに、我を忘れた。


そんなある日、その女性が銘苅に言った。

「私と結婚して欲しい」

彼女の兄も、大変その結婚を勧めた。

銘苅は、舞い上がった。


彼女が「車が欲しい」といえば、ワーゲン・ゴルフを買い与えた。

彼女が「お金を貸して欲しい」といえば、二万ドルを貸し与えた。

そして二回、一緒に上海を旅行した。もちろん旅費は二人分、銘苅持ちである。


この上海旅行が、後の彼にとって大きな意味を持つことになる。

だが、そうなる前に…

この一代の空手風雲児は、大きな痛手を被らなければならなかったのだ。

三

ある日のこと、警察から銘苅に知らせが入った。

「あなたが買ったワーゲン・ゴルフが、その利用者によって無断投棄されている」

寝耳に水、であった。

「どういうことだ?!」

彼は、行き慣れた件のしょんべん横丁にある居酒屋に走った。

すると、店が閉まっている。

「おや？」

待ったが、誰も来ない。

痺れを切らせ、銘苅は近所の店の店主らに聞いた。

「この店は本日何故閉まっているのですか？」

店主は答えた。

「何故ってアンタ、その店はもう店仕舞いして、経営者の中国人〈夫婦〉は国へ帰ったよ」

え…

何だって？

中国人ふ…夫婦だってえッ?!

実は、銘苅に「自分達は兄妹だ」と語っていた二人は、夫婦だったのだ。
彼らは銘苅を、日本に長く滞在するべくビザを取るために必要だった保証人とするため、夫婦で銘苅を騙し続けていたのだ。

「やられた！　ものの見事に…」

しかし、このままでは収まらない！
クソーッ、貸した金返せッ！
何とか見つけ出し、弁償させてやらなければ、とても気が済まないッ！

「アンタ、それは無理さ。何せ中国だよ中国。日本国内でもトンズラ先なんてよほどの運がなければ見つけ出せないというのに」

まあ、諦めるしかないさ。

騙されるアンタの方が悪いのさ。
そんな店主の声を背中で聞きながら、銘苅は再び走り出す。
「上海だ！　きっと上海にいるに違いない！　この上は即刻上海に飛んでやるッ！　そして
どこにいようと必ず探し出してやるッ！」

四

こうして、銘苅拳一は三度目の上海の地に降り立った。が…
どだい、無茶苦茶な話である。
先ず、中国語など全く解らない。
次に、土地勘すらない。

友人知人もいない。

騙した忌々しい夫婦を探し出すにも、全然手立てがなかった。

それに、必ず上海にいるという保証などどこにもないのだ。

もし違う場所だとしたら…中国の広さを考えてみれば分かる。探し出すのは、絶対に不可能！

途方に暮れた。

来てはみたものの…

ウジャウジャと行き来する中国人にもみくしゃにされながら、ただ呆然と時が過ぎてゆく。

そして当然の帰結として、やがて金が尽きた。

どこを見ても、日本とは比較にならないほどに汚く貧しい、当時の上海の街。だが、その粗末な宿さえ遂に放り出された。

街をうろつくうち、ふと音楽関係の大学と思われる建物が目に入った。

「仕方ない。今日は何とかあそこに泊めてもらおう」

しかし、である。

このような状況に陥りながらも、銘苅にはある疑問が頭の中に持ち上がっていた。

「そう言えば、騙されて来た時から感じていたが、この上海には空手の道場らしきものが全く見当たらないな…」

柔道は、あった。

だが空手は、皆無だった。

それが銘苅には不自然に思えたのだ。

中国はいうまでもなく、中国拳法の本場である。そのスタイルは空手に非常に近い。それなのに、この国には空手が全然伝わっていないのだろうか…

これより少し前、筆者の世代なら誰でも知っているブルース・リーこと香港出身のアクション俳優・李小龍が、世界を巻き込んで大ヒットを飛ばした映画「燃えよドラゴン」。その映画の中には無論日本の空手も出て来る。即ち、自分が住む南米のみならず北米、そして欧州、否、世界中にその存在を知られているはずの空手が…この街には一切見当たらないのだ。

銘茢はその音楽大学と思しき建物に向かい、出会った関係者と思われる人間にダメ元で、思い切って尋ねてみた。

「あなた方は、日本の空手を知っているか。私はその空手を教えることが出来る。ついては場所等を探しているのだが…」

五

「日本の空手、知っています。しかし私の街ではまだ見たことがない。けれども、実は中国人は日本の文化には大変興味を持っています。何なら、ここに通う学生達にあなたのことを告げてみましょうか？」

何とか身振り手振りで会話し、ようやく寮を借りることが出来ることになったとき、その関係者と思しき男が言った右の言葉は銘苅にとって、実に意外であった。

銘苅にしてみれば、この申し出はまさに〈渡りに舟〉だといえた。ここでたとえ数人にでも空手を教えることになれば、少なくとも寮をずっと借り続けることが出来ると思ったのだ。

その男は「では当校の体育館を使って募集してみましょう」と銘苅に告げた。

そして当日、銘苅は度胆を抜かれることになる。

体育館に集まった中国人学生、何と二五〇〇人！

この時、銘苅は自分達が（そして多くの日本人達が）とんでもない誤解を抱いていたことに初めて気づいたという。

「そうか！　われわれは皆…『中国人は日本が大嫌いだと思っている』とばかり考えてきた。しかし、実は違うのだ！　彼らは皆アジアの仲間として、自国が欧米列強国に蹂躙《じゅうりん》されてしまったにもかかわらず、日本はそうならなかったことに興味を示しているのだ！　日本が、それら列強が中国に行ったと同じことをしたことには目をつむっても…」

それから、まさに銘苅の空手は中国人に急激に受け入れられ始めた。

中国の学生たちが集まってくる。そしてあっというまに人数が増える。「日本の文化を学ぶんだ！」との真剣な気迫が伝わってくる。

この頃ちょうど、優秀な人材が日本へ留学することが流行っていた（だからこそ例の中国人夫婦に銘苅も「留学生」だと言われてコロッと騙されたわけだ）。そしてオリンピックに競技として認められた柔道は中国でも有名になり、その競技人口も多かったのだ。そしてますます日本文化についての興味を彼らの中に育んでゆく。

それを「都合が悪い」と、一部の政治上層部の人間が〈嫌日〉を叫んでいるだけなのだ。

銘苅の道場もこの気運を受け、あちこちに空手道場を作ろうとの意見が出始めた。

「何せね、上海の門弟達のために名刺大の会員証を作ったんですが、全員の分を道場に運ぼうとしたら、四トントラックに積み切れなかったほどでしたから（笑）」

しかし中国は何せ社会主義の国である。何をするにも政府の許可が必要になる。

渡りに舟だった第一号道場とは異なり、それ以外の場所に支部道場を作るとなると、それこそほとんど不可能に近い。いくら指示された通りに役所を訪れ書類を提出しても、役人にはハナから許可する気持ちがない。

だから銘苅の申請も、ただ虚しくたらい回しにされるだけの日々が続いた。

六

ここで、銘苅にとって願ってもないことが起こる。

ブラジルにいた頃に道場で空手を教えた門下生の中に、後にブラジル大統領になるフェルナンド・コーロル氏がいたのだ。

銘苅はこれまたダメ元でコーロル大統領に手紙を書く。この困難な現状を何とか打破出来ないかと。すると、海の向こう側にいる師の難儀を知ったコーロル大統領は中国政府に向け、推薦状を書いてくれたのである。

その後はまるで今までの苦労が嘘だったように中国政府から許可が出て、スイスイと話がまとまり計画が進んで行った。

そして気がつけば…

上海を基に、西安・雲南・北京・南京・成都…あれよあれよという間に中国全土五十箇所以上に支部が出来、その門弟数は十四年で銘苅直門二十万人、そして二十三年目には孫弟子・曾孫弟子も合わせ、驚くなかれ！　八百万人にも上ることとなるのだ！


しかしここで、銘苅拳一の人となりをよく表すエピソードがある。

もともと騙した中国人夫婦を追って上海入りした彼のことだ、雨風凌げる宿と毎日の食事さえ取れれば…と、この大発展の初期二年の間、（何と！）全てボランティアで空手を教えていたというのだ！

ちょうど大学の体育館を借りていたその頃、その体育館の長は学生一人につき、空手の稽古場所使用料として七十元を徴収していた。中国においてこの頃、男子一人あたりの平均月収が百～百五十元の時代であった。

その体育館の長は銘苅の作った空手旋風の御陰で瞬く間に金を貯め、家と自動車を購入した。

空手指導に中国各地を廻る銘苅拳一。日の丸をあしらった服を着ていても、それに対する反感など一度もなかった。

その間銘苅には一銭の収入もなかった。ただ黙々と、空手を指導し続けたのだ。さすがに見かねた上海体育総会外事部局長が進言してくれて、やっと指導者・銘苅はその使用料の内の六割を得るようになる。その初期段階において、門弟数は既に三万人を超えようとしていたという。

中国はその頃から、将来の人口増加を睨んで「各家庭には子供一人」、所謂〈一人っ子政策〉を取っていた。ところで一人っ子はとかくワガママな子供に育ってしまう。そのようなとき、礼儀作法に厳しく、しかも己の身体一つを鍛え上げて心身共に強く出来る日本の空手は、子供を持つ親の間でも大人気になってゆく。

けれども、それだけでおいそれと認められ広がるほどに甘いものではあるまい。空手の腕前だけではない。また、中国人民の要求だけでもない。銘苅拳一の、このような朴訥誠実な人柄によってこそ中国の人達は目を見張り、そして中国空手界は大発展を遂げることになるのだ。

七

ゲンキンなもので、中国政府はこの空手普及のために長く中国に滞在することになるブラジル人・

2001年3月、銘苅拳一の空手道場の様子を伝える中国の新聞。

銘苅拳一のビザ延長に、非常なる便宜を図ってくれた。

こうして中国に於ける〈空手の父〉銘苅拳一は結局二十三年間を中国大陸で過ごすことになる。

門弟八百万人を置き土産に…

しかし、である。

ここで読者諸兄は不思議だと思われないだろうか。

中国は元より〈武術の国〉である。何もいまさら「日本の空手で御座い」と進出しようとしても、ドッコイ空手とスタイルが似た中国拳法各派が待ち構えてもいるはずだと思われないだろうか。

私も、そう思った。

これについて銘苅本人に質したところ、実に意外な説明を彼から受けることになった。

銘苅自身も「せっかく中国に来たのだから」と、空手普及に伴い中国全土に拳法名人を訪ね歩いたと言う。もちろん有名な崇山少林寺も訪れた。しかし、名人達人に出会えることは遂になく、少林寺に至っては完全に観光化され、型の表演だけしか見られなかった。型はたとえどれだけ巧みで美しくとも、所詮は型でしかない。だから組手の相手をしてくれる者は拳法家と名乗る者達の中では、誰もいなかったとのこと。その事情に失望した銘苅は中国人関係者達に尋ねると、彼らは声を落として言った。

「昔、中国にも本当の名人はいたが、文化大革命の時に残らず殺されてしまった。一部の名人は難を逃れるために、皆台湾に逃れた。だから名人は今、台湾にいる」

その後、中国本土に残った所謂拳法家は偽物が跋扈し、法外な金で適当なことを教えたり、口先だけで喧伝しては夜逃げしたりし、今では中国では〈武術〉と聞けば皆から胡散臭いものと思われるのがオチだと言うのだ。

これを証明する面白いエピソードも、私は銘苅から直接聞いた。

八

ブラジル時代に育てたアメリカ人の弟子が、銘苅を訪ねて中国にやって来た。

彼の目的は、アメリカで小耳に挟んだ中国拳法の達人の噂であり、その達人と是非とも手合わせすることであった。

その噂では…点穴（ツボを指先で突いて相手を動けなくしたり自由に出来るとされる技）の名人だとのことである。

銘苅はその弟子に言った。

「悪いことは言わん。ガッカリするから会いに行くな」

しかしその弟子は「せっかくアメリカからやって来たのだから」と銘苅のいうことを聞かず、遂にその達人に会いに行った。道場で「あなたの技を見せて欲しい」というと、その達人は「今日は調子が悪いから、明日来い」という。仕方ないのでいわれる通り次の日に行くと、トンズラした後で道場には誰もいなかったという。

銘苅は私に言った。

「兎に角、組手をしてみれば中国武術界の問題が直ぐに判ります。道場を開いていると、散打（中国拳法の自由組手）のチャンピオンだとかいう者がよく挑戦して来ましたが、一度も負けませんでした。というのも彼らは何故か横蹴り、それもハイキックしか仕掛けて来ません。だからそれさえかわせば、後は中段や下段を攻めてやれば終わり（笑）」


また、山賊（いまどき！）に襲われた時の話も聞いた。

それは銘苅が、前述した散打の格闘技としての技の少なさを何とかしようと、上海に留まっていたときのことだ。散打は行なわれるようになってまだ歴史も浅く、技が非常に少なかったので、膝蹴りや下段廻し蹴り（俗にいうローキック）など近間合いからでも出せる蹴り技を実践者に伝えたという。

そして、ある冬の二月頃のこと、空手指導のために上海から西安に車で向かっていたときのこと。山越えのコースを取ると、標高二千メートルほどの所で、何やら車道に一人男が寝転がっている。大丈夫かな？　と車を降りて確認しようとしたら、その男はおもむろに立ち上がり、

日本文化の基本、武道の基本である礼儀を教える。きちんと挨拶ができる子供たちに…。

いつの間にか後方にも男二人が立っていた。運転手を降ろすために一人がわざと寝そべっていたわけだ。そしていきなり三人で襲いかかって来た。

「まあ、空手で三人とも倒しましたよ（笑）。だけどねえ…先にお話しした散打チャンピオンの話にしても、私には『何だかなあ…』という気持ちでした」

しかし、山賊もさることながら、このとき銘苅を苦しめたのは当時の中国の道路事情だった。なにしろ、都会の道路でさえデコボコなのだ。いわんや、山間部をや。目的地の西安といえば、かつてのシルクロードで栄えた唐の都・長安である。中国大陸の内陸部に位置する。銘苅はときには三千メートル級の山々の峠を、道なき道を、ひたすら車で進んで行く。むろんホテルなどない。夜は寒さと戦いながら、車の中で寝た。ガソリンを確保するのも大変ななか、結局彼は七日間を費やし、ついに西安に辿り着くのだが、よほどの情熱がなければできないことであろう。

しかし、着いたら着いたでまた一悶着だ。例の散打が得意だという土地のヤクザの親分が「日本の空手だとお？」と因縁をつけてきたのだ。そのとき銘苅は思った。「沖縄の…日本の武道家は決して後ろを見せない。やってやる！」と。

そのヤクザの親分は内モンゴル系の、身長一九三センチ、体重一〇〇キロの巨漢だった。そして子分を三〇〇人ほども擁していたという。

ところで銘苅はブラジル時代、かなりの稽古を積んでいた。ブラジリアン柔術やキックボクシングなど、他の格闘技はもちろん、空手の猛稽古も欠かさなかった。連続組手を毎日行ない、小林《ショウリン》流の素早い突きの錬磨も怠らなかった。そして驚くなかれ、百人組手まで複数回こなしたという。そして六〇キロ級の南米空手チャンピオンを三〇秒で秒殺した経験もあって、要は自信に満ち溢れていたのである。

そんな銘苅は、その時もあっさりと親分を倒してしまった。上段蹴りを仕掛けてきたところへ水月《みぞおち》への正拳突き一発で相手は沈んだ。

銘苅の実力に驚いたその親分と三〇〇人の子分達はそのまま銘苅の門下生となり、その後一年半ほどかかって警察や大学スポーツセンターなどに一五の支部を作ってくれたという。この辺は、日本にも通じる任侠の心か。銘苅はその後一年半を西安で過ごし、指導を行なうことと

中国の新聞に出された銘苅拳一の空手道場の広告。

なる。

しかし…

なるほど、中国の武術界がこのていたらくでは、確かに「礼儀を基本とし、鍛えて強くなる」という概念それ自体がもはや、かの国では失伝してしまっていると考えられるのだ、残念ながら銘苅の話を聞いていると。もっとも、沖縄に一時帰国し失望した銘苅は、ブラジルでブラジリアン柔術やバーリトゥード等を研鑽したからこそ、このような立ち回りが出来たといえるかも知れない。

並みの空手家ではないのだ。

とまれ、そんな事情を背景に、銘苅拳一の空手は彼の人徳と強さの故に、中国全土に広まった。中国の各新聞からも、取材を受けた。

いつの間にか、国際空手道連盟の会長にも収まっていた。

だが、彼の脳裏には依然として、ある思いがあったという。

「故郷・沖縄にも、そして中国にもいなかった」
「どこにいるのだろうか、かつての知花朝信先生のような技を使える名人達人は…」

第三章

一

平成二十五年の春頃だったと記憶する。

拳友会会長の畑村洋数から突然連絡が来た。

曰わく、世界に八百万人の門弟を持つ国際空手道連盟会長の銘苅拳一という空手家が、畑村に連絡して来たという。

春の椿事とはこのことか！
私は少なからず驚いた。

聞けば、その銘苅拳一という空手の大家は『謎の空手・氣空術』（海鳴社）を読んで感動し、併せて直ぐにＤＶＤ「合氣と空手の融合 氣空術 新次元の受けと突き」（ＢＡＢジャパン）を購入、それを見た瞬間「この武術こそ自分が長い間探して来たものだ！」との意を持ったというのである。

畑村はネット上でも少なからず動画を挙げて公開しているが、氣空術の演武を見たときにはほとんどの人達が「これはヤラセだ」と思うのが普通だ。むべなるかな。本当の意味での合気を受けた経験を持たない者には、ハッキリいうがこれらの動画を信じることなどとうてい無理な相談なのだ。
それを一瞥しただけで本物と見抜くとは…（但し一言お断りしておく。「そういう不思議な術があったらいいなあ…」と夢想する者が武道の経験もなしに信じる、と言う意味には非ず）。

そこで私は急いで銘苅拳一なる空手家について調べてみた。
そして、再び（ひっくり返るほどに）驚いた！
確かに、多数の門弟を持ちながら世界で活躍する、物凄い空手家なのだ。
とてもじゃないが、われわれと釣り合う人物ではない！
雲上人…そう、まさに、雲上人だ。

しかし畑村は続けた。
「そんな銘苅先生がわざわざ神戸に来られ、氣空術の技を実際に見、そして学びたいと仰っている」

私は言葉を、失った。

二

そして、しばらくして再び畑村から連絡が入った。

「銘苅拳一先生が、われわれの道場に来られた！」

銘苅は畑村が繰り出すその技を見て、「懐かしい…本当に懐かしい…これこそ、私が昔見た知花朝信先生の技にソックリだ！」と盛んに述べたという。そして畑村からの報告の中には私にとっても非常に嬉しい内容が一つ含まれていた。

「炭さんがいうとった空手の型に対する考え方な、あれ銘苅先生も『その通り』や仰ってたでえ！」

そうか！

やはり、あれで正しかったのか！

拙書にも今まで折りにつけ書いて来たが、合気の研究が進むにつれて型の意味が徐々に浮上して来たのだ。

型は、例えば「この動きの意味は…」などという〈解釈〉など、どちらでも良いのだ。

型は、その自然な〈動き〉の中にこそ、大きな意味がある。

組手と型はどこが違うか？

型の意味は、その〈違い〉の中にある。


われわれが合気を語ろうとするとき、その方法論はたった二つしかない。

一つは技術論。今一つは観念論だ。

だが、これら二つはいずれも比喩にすぎない。これらを使わない限り文章化出来ないが故に駆り出すわけだが、しかしそれだけを見、考えても、理解は出来るかもしれないが、決して使えない。

もし誰かが「合気に神秘は要らない！　神仏など関係ない！」と主張するなら、私は「その通りだ」と答える。

また誰かが「合気は技術だ！」というなら、私はその人にいいたい。

「なら、試合に出て自由乱取りや自由組手を合気で制して欲しい。合気が技術だというのなら、可能なはずだ」

少なくとも私が知っている合気は、自由攻防に通用した。約束稽古に、ではない。

そしてその境地を語れと言われれば、投げた方も投げられた方も、摩訶不思議な観念論を持ち出すしかないのだ（残念ではあるが、私にとって今のところ）。

ところで、そんな一連の合気私考から導かれた型に対する考え方に銘苅拳一ほどの空手家が賛同してくれるということの意味は、実は極めて重大な事態を導き出すのだ。

先ず一つは、合気なる（言ってみれば広い武道界や格闘技界から見て）狭い世界でしか語られないものが、実は普遍的な大きな存在である可能性だ。呼び名は「合気」ではなく流派によってさまざまであっても、同義の概念。

恐らく銘苅拳一は、それを知っているのだ。

そしてもう一つは…

われわれが抱く「空手」のイメージが、根本的に間違っているかもしれないという可能性だ。銘苅は畑村の氣空術の動きを見て「懐かしい」といっている。その懐かしさは銘苅が幼い頃に垣間見た沖縄の高名な空手家・知花朝信の動きに由来している。

ということは、当然知花朝信は（合気との言葉こそ使われてなかろうが）同一の極意概念を有していたと見るのが妥当だ。畑村は敢えて空手の形に氣空術を使うが、しかし彼も多分に柔術的な動きをする。これらのことから、沖縄の空手、いや「手」とは決して剛の打撃技だけのものではなく、柔（やわら）的な技も多々あったに違いない…やがて銘苅に実際に会う前の私は、その時にかくの如くに推測した。

その推測は、やがてこの偉大な空手家・銘苅拳一の取材を終えた時に判るのだが、恐ろしいくらいに当たっていた。

空手は、もっと大きなものかも知れない。
自分も、銘苅拳一に会ってみたい。
そして、その辺のところを聞いてみたい。
自分などが直接会うのは、いかにも身分不相応ではあるが…
そう、思うようになって行った。

そして、果たしてその機会は（例によって）意外に早く実現することになったのだ。
銘苅が神戸の畑村の道場を訪れてから一年あまりたった頃、私が東京に興した「冠光寺流柔術倶楽部」を足掛かりに「氣空術東京支部」が成立するが、ちょうどその頃私は保江邦夫からのある密命を帯びて奮闘中だった。そしてそれが結果を見た頃に、打ち上げの宴会の席上で私は保江と女性ライターである後藤から「銘苅拳一先生の伝記を書いてほしい」と依頼されたのである。

渡りに、舟であったといえる。

9日（金曜日）　サンパウロ新聞　São Paulo Shimbun　第二社会　＝3＝

弟子20万人、ブームに沸く中国
銘苅拳一師範14年ぶり帰聖

銘苅拳一・拳士会中国最高師範

日本、中国、ブラジルと三国を駆け巡る空手家が、武道を通して国際交流を掲げ、二十日から来聖している。

「十四年ぶりのブラジル、故郷に戻ってきたような気がします」と話すのは、上海在住の銘苅拳一（めかるけんいち）・拳士会中国最高師範（沖縄県出身・五八）だ。

銘苅さんは、十二歳で両親とブラジルへ移民、空手が好きな少年は、サンパウロに道場を開き、南米支部長まで昇りつめるが、一九九〇年、車を一台チャーターし中国各地を視察する。

武道の盛んな両国にあって空手が知られていないことに、驚きを覚え、ならば自分が空手を広めていこう決意するが、道場を開くにも、外国人であるため様々な障害が銘苅さんを待ち受けた。

中国側は、「日本政府の保証を取り付けて下さい」と言うが、日本側は、「そのような証明はありません」との回答。「日本がダメならブラジルがあると当時、サンパウロ州議であった下本八郎氏を訪ね、頂いた嘆願書を片手に、朱鎔基・上海市長に会いに行ったのが昨日のようです」と話した。

現在、上海を中心に弟子は二十万人、中国では空手ブームが到来している。

「初めて上海に降り立った時、アジアであって西洋の香りが漂う上海に魅了されました。いずれ大きな都市になる。そして、今、国際都市に成長した上海から、空手道を考えています」と目を輝かせた。

「日本生まれの私が、移民としてブラジルに渡り、空手を通して中国へ。三国に渡るトライアングルを今後、益々、活発にしていきたい」と決意を披瀝していた。

サンパウロでの滞在先は、プラザ・ホテル・リベルダーデ（電話0××11・3207・1311）。

鮮烈なセナの思い出
F1見学と墓参に今井さんら

片桐、今井さん（左から）

二十四日、「ブラジルF1グランプリ」が、インテルラゴスサーキット場（聖市内）で行われた。

同大会は、音速の貴公子と言われ世界中から愛されたF1ドライバー、アイルトン・セナ没後十周年ということから、多くのファンがレース場に詰めかけた。

「一九八四年、雨のモナコでプロストを追い詰め鮮烈にデビュー、翌年ポルトガルGPで黒いJPSロータスで初優勝を飾ったのが昨日のようです」と話す今井賢樹さん（東京在住・三三）。

「セナの走りを印象付けたマクラーレン時代、日本GP（一九八五年）でレース終盤、プロストと接触、二位に転落するが、トップで

移民百周年を考える ㊦終
望まれる祭典協の文協離れ

える。

地方の日系団体を訪問する機会の多い総務副委員長の菊地義治はいう。「地方では、文協と移民百周年記念祭典協会を同一視しているところが多い。ところが、地

右）2004年、ブラジル・サンパウロの新聞。
左）2007年、沖縄の新聞。
　ともに銘苅の活躍を取材したもの。このころ直弟子が20万人、孫弟子・曾孫弟子まで入れると500万人を突破していたという。

かくて、この偉大なる空手家に対する取材が開始される運びと相成ったのだ。

琉　球　新　報（夕刊）　第3種郵便物認可

情熱一筋 中国で空手普及

ゼロから門弟15万

銘苅 拳一さん

上海市「第一人者」に認定

武道の本場中国で、空手を広めている国際空手道連盟拳士会館の銘苅拳一さん（六〇）＝旧大里村出身＝が一時帰郷している。銘苅さんは一九九〇年から中国で空手を広め、今では弟子や孫弟子など銘苅さんの流派に所属している人は中国全土で十五万人以上。二〇〇二年には上海市武道協会空手道委員会から、中国で空手普及の第一人者であるとの証明書を交付された。「空手発祥の地の沖縄の人たちは空手に対して誇りを持ち、もっと普及に力を入れてほしい」と話している。

中国で空手の普及に取り組んでいる銘苅拳一さん（右）。左は師匠の嘉数嘉昌さん＝24日、那覇市上間の沖縄空手道小林流究道館拳士会総本部

銘苅さんは十二歳で、沖縄からブラジル・サンパウロ市へ移住。そこで親類の教えで空手を始めた。三十歳の時、サンパウロで空手を指導していた沖縄空手道小林流究道館拳士会総本部会長の嘉数嘉昌さん（六二）＝那覇市＝と出会い、弟子に。銘苅さんはその後、サンパウロやブラジル各地で道場を開き、支部を増やした。仕事で一九八七年から一年間、東京で暮らした際、上海出身の中国人と知り合い、上海での空手普及活動に乗りだした。中国では当時、空手は普及しておらず、上海市は銘苅さんの空手指導を許可しなかった。しかし、空手をやっていた当時のブラジルのフェルナンド・コロール・デ・メロ大統領の推薦で、上海市が許可。九〇年に上海体育館で指導を始めた時には二千五百人が集まった。

その後、銘苅さんは上海復旦大学の空手部総監督などを務め、上海や昆明、四川、西安、北京などの大学や警察など、約六十カ所で直接指導に当たってきた。二、三年前に調べた時には、弟子らが指導する道場も含め、銘苅さんの流派の支部は中国全土で三百六十カ所あったという。約二十年前は中国で全く普及していなかった空手の競技人口は今では五十万人以上といわれるまでになった。

銘苅さんは「沖縄の人はあまり関心がないが、世界で空手はとても関心を持たれている。お互いの国の友好関係にも役立つ。日本政府や県が指導員を派遣するなど、協力してほしい」と話している。

（内間健友）

第四章

一

こうして私は、空手家・銘苅拳一の伝記執筆を依頼され、そして彼の取材を開始した。だが彼は数カ月に一度しか日本にやって来ない。文字通り世界中を飛び回っている、国際空手道連盟会長なのだ。

しかし、銘苅が有しているであろう数々の武勇伝に心沸く私の気持ちとは裏腹に、既に述べたように会う度に彼は私にこう念押しした。

「炭粉さん、私が真に伝えたいのは〈国際親善〉なのです。そのことを、どうか忘れないで欲しい」

国際親善とは、単なる飾り言葉に過ぎない。少なくとも私は、今までそう思って来た。五輪をはじめ、あらゆる国際競技大会を見よ。なるほど、全て〈国際親善〉を謳ってはいる。しかしその実、蓋を開けてみればナショナリズムのぶつかり合いだ。ぶつかり合いを親善と呼べるのなら、街中の喧嘩だって親善じゃないか。冗談じゃない！　もうそろそろ、そういう〈タテマエ〉は止めたらどうか、ずっとそう思って来た。

そして銘苅ほどの実戦、いや実践空手家が空手というある意味極めて野蛮な武道を通じて言うところの〈国際親善〉という概念を、私はどうしても掴めなかったのだ。

他国の人間と殴り合い蹴り合って何を〈親善〉となすのか、と。

そこで、彼に直接聞いた。

「氣空術を知り、ぶつからないことで不思議な効果を生む武道を知ったからですか」

銘苅は答えた。

「いやいや炭粉さん、私が国際親善を考え出したのは、もっと前からです…」

二

「私が中国にいた頃、『日本の武道・空手を習いたいですか？』と問うと、中国人達は『是非習いたい！　子供達にも習わせたい！』と答え、あっ

という間に大勢の門弟が出来たことは既にいいましたね。本当は、皆さん日本に物凄い興味を持っているのです。今や中国は大国になりましたが、私が初めて訪問したときにはそうではなかった。だから皆、どうやって日本はあの敗戦から立ち直り豊かな国になったのかを知りたがったのです。それを可能にしている日本のバックボーン、つまり文化や気質とは何なのか？　をね。だから日本人である私が彼ら中国人に空手を教えることとは、礼儀作法から始まる日本の文化そのものを実践的に教えることに他ならなかったのです」

皆さん、本当に熱心に学んでくれた。

嫌日という考えは微塵も感じなかった。

銘莉は笑って、そう言い切った。

「そしてね、あるときのことです。そう、もう十年くらい前かな…ふとベトナムに行きたいと思ったのですよ」

三

ベトナム（正式名ベトナム社会主義共和国）は周知の如く、かつて南北に別れ戦争状態だった。ドイツや朝鮮と同じく、それは自由圏と共産圏の代理戦争だった。われわれの世代には、ベトナムと聞けばすぐさまベトナム

戦争を想起するくらい、その戦争は歴史上暗い影を落としていた。しかしこの戦争は南ベトナムに肩入れしたアメリカが撤退することで北ベトナムが事実上勝利し、社会主義国となる。そして多くの犠牲と爪痕を残しつつ安定し、現在は繁栄の路を辿っているように見える。若い世代には観光地として映っていることだろう(余談だが、私も女子が着るアオザイの大ファンだ。聞けばアオザイは男性用もあるそうだが、女性を引き立たせることにおいては最強の民族衣装だと思っている)。しかし、このベトナム戦争以前には先の大戦があった。他の東南アジアの国々同様、かつて日本はその大戦時にベトナムにも多大な迷惑をかけてしまった。われわれはそう、学校で教わって来た。

けれども、銘苅は爽やかに笑いながらいった。

「そうかもしれない。だけどね、日本は欧米先進国からアジアを守り解放する。本当にそう信じて戦った人達も多かったのです」

四

ベトナムに渡ってから数年後に、銘苅はミャンマーも訪れている。そしてベトナムやミャンマーにおいてさえ、中国同様に人々は日本の文化について高い興味を持ってくれていることを知る。


ここで、銘苅拳一のベトナム・ミャンマー訪問の経緯をまとめておこう。

中国での空手普及は大成功を収め、前人未到の門弟数となった。中国に初めて空手を伝えたのは銘苅であるため、文字通り中国では彼こそ〈空手の父〉であった。

ところがベトナムやミャンマーでは、少し様子が違うのである。

中国の空手事情が安定し、師範クラスも多く育った頃、ある時ふとベトナムに行きたくなった銘苅は、何のつてもないままにベトナムに赴く。当然ホテルなど予約も入れずに、行き当たりばったりだったという（まるで中国の時と同じである）。すると、ある街で日本人の老女が経営する宿を見つけた。飛び入りで無論部屋など空いていなかったので、銘苅は食堂裏の物置に泊めてもらうことにした。するとたまたまその次の朝、日本の大学の医学部の教授一人と学生数人が医療スタッフとしてベトナムに来ており、その食堂にやって来た。そして日本人同士だということで銘苅が話しかけると、何とその教授は銘苅を知っていたと言うのだ。

銘苅は中国時代、数回に渡りＮＨＫからも取材を受け、テレビでその活躍振りが報道されていた。

「もしや、あなたは銘苅拳一さんではありませんか？」

教授はそういった。そしてそうだと知るや、彼は銘苅に何とベトナム大統領補佐官を「私の知り合いだから。あなたほどの人だ、きっといろいろ便宜を図ってくれるだろう」と紹介してくれたという。この補佐官は、先の戦争では米軍ヘリを二十機撃墜した英雄だった。そしてさらに銘苅にベトナムに進出して来ていた日系企業の社長二人を紹介、事情を知ったその日本人社長達の計らいで、銘苅は五輪選手を鍛える施設を借りて空手の指導を許される。またその数年後、社長の一人と共にミャンマーを旅行し、その際にもミャンマーの五輪選手用施設にて空手指導を行った。

　ただ、ミャンマーはいわば空手の客員教授という形でその訪問時だけの指導だったが、ベトナムにはしばらく滞在し指導することを繰り返すことになる。つまり、ベトナムとミャンマーには既に空手は伝わっており、その地には先に空手協会が存在していたのだ。

　ここが、〈一からやらなければならなかった〉

中国とは異なる点であった。

ここで私は尋ねた。

ではベトナムやミャンマーに空手を初めに伝えたのは誰だったのかと。

そして銘苅からその答を聞いた時、私は彼が言う〈国際親善〉の概念が、やっと朧気に見えて来たのだ。

五

実は終戦のとき、運良く生き残れた日本兵の中で、帰国せずにそのまま東南アジア諸国に住み着

いた人々がいたらしいのだ。ベトナムやミャンマーにもそのような人々が存在し、その中に空手家がいて、どうやら現地人に空手を教えたらしいとの話を銘苅は聞いたそうだ。

そして彼は続けた。

「そもそも、もし日本人が本当に嫌われていたなら、とても現地に残って生活など出来なかったでしょう。いわんや空手のような日本のモノを習う気になるはずもない。現地に残った元日本兵は彼らにさまざまなことを教えたと聞いています。例えばベトナムでは大戦が終わった後でベトナム戦争が始まるわけですが、戦の仕方も分からない彼らにいろいろと戦術を教えたのも残留兵だったらしいのです」

ここで銘苅はいつものように強調した。


「私達日本人は、決して嫌われてなどいない」


もちろん、これは銘苅から見た感想である。

われわれは生まれた頃から学校やメディアから「日本は東南アジア諸国に大変な迷惑をかけ

た。日本は嫌われて当たり前であり、そのことに誠心誠意謝罪しなければならない」と教え込まれて来た。

お断りしておく。私はそれを否定するつもりはない。

だが銘苅は日本の社会科の教科書を読んで、あるいは日本で報道されるニュースを見て「それは違うぞ！」と言っている訳では決してない。彼は実際に東南アジア諸国に赴き、住み、そして空手を教え伝えるという彼の〈人生〉そのものを通して、そう言っているのだ。

従って、その言葉の意味は重い。

これに関し、実は私も同じ体験をしたことがあるのだ。

六

今から二十数年前、私は仕事で東南アジア諸国に赴いた。確かインドネシアだったと思う。

ある島を訪れホテルにチェックインすると、部屋にテレビがあったので（失礼ながら）「ホ〜、テレビがあるのか」と驚いて思わず点けてみた。するといきなりＮＨＫドラマ「おしん」が映り、度肝を抜かれたのだ。

「な、なんで『おしん』がこんな所で放送されているんだ?!」

セリフは全て英語だったが、物凄い違和感を与えられた。何せ画面では寒い冬の銀世界の中おしんが健気に頑張っている場面なのに、窓の外の景色はクソ暑い熱帯なのだ！　苦労して農業などしなくても野生の果物が一杯になる、熱帯なのだ！

気味が悪くなり、テレビを消して街中や公園を散歩すれば、そこここから「お早うございます」「今日は」と本当に発音上手な日本語が現地の人々の口から出て来る。

私は訳が分からなくなった。今まで東南アジアでの日本語なんか、夜のポン引きの兄さんらが（誰が教えたのか）「シャッチョーサン！　シャッチョーサン！（社長の意味）」というか、もしくは下品極まる放送禁止用語を連発して客引きしている風情しか知らなかった。「これは…どこかの日本語学校で本格的に習っているとしか思えない」と感じた。しかし、大して都会でもないインドネシアの島である。そこで、日本語で挨拶してくれた一人の現地人女性に英語で聞いた。

「ここに日本語学校があるのですか？」

するも彼女は（日本語で！）流暢に答えてくれたのだ。

「私達の村には、日本人の奥さんを貰った人がいます。彼女は私達に日本語を教えてくれます。村中の人が習います」

驚いた。日本語など、何故ここの人達は学ぼうとするのだろうか。東南アジアでは〈悪役〉でしかない、日本の言葉を…

ところが帰国して間もなく、たまたま新聞を読んでいる時にこの真相を知ってさらに驚いたのだ。

東南アジアの人達は皆、「欧米列強国に蹂躙されることもなく近代化を果たし、先の大戦では列強国とも堂々と渡り合って、結果完膚なきまでに叩きのめされても僅かの内に見事立ち直り、アジア最高の国となった日本。〈どうしたら日本のようになれるのか？〉」と思い、それが東南アジアの人達にとって最大の関心事とのことだった。

だから「おしん」を見て勉強する。

「辛くとも耐えて頑張れば、きっと幸せになれる！」

「努力すれば、自分達の国もきっと日本のように豊かになれる！」

その〈頑張る〉という所を、〈努力する〉という所を学びたいとのことなのだ。初めから海産物も果物も豊かな国の人達が。

そのためには、もちろん日本語も勉強しなければならない、と。


うーーーん…

そうだったのか。

そのとき私は、ほんの少しではあるが思っ

ベトナムでの空手指導。日本の文化に興味を持つ彼らはすぐに集まってきた。皆、真剣だ。

た。「われわれは…教えられてきたほどには嫌われてはいないのではないか」と。

そして銘苅拳一から語られる話を聞きながら自分のこの体験を思い出すことが出来たとき、少しずつ少しずつ、彼が力説するところの〈親善〉というものの意味が見えてきたのだ。

七

「炭粉さん、ベトナムの空手人口は百万人といわれています。そして私の門弟数は現在八千人です。けれども何流が何人、何会が何人など、どうでも良いことです。要はベトナムの皆さ

んが空手を通じて日本の心と文化を学んで下されば良いのです」

掃除によって自らの心も清め、礼儀によって自らの心を高め、試合ともなれば勝って奢らず負けても悔いず、勝ち負けは等価として黙々と地味な稽古を続ける。

われわれ日本人でさえ（特に若者には）解り辛い稽古の本質。稽古は自分の心身を高めるものであって、勝ち負けにこだわることが本懐ではない。さらにいえば「何流が最強」だの、「何流が最多」だの、そして「空手こそ最強」だのは、さしたることではない。矜持は軋轢を生み、流派の対立を深めるだけ。


人を、国を、建てるのだ。

空手という日本文化を通して。

そしてそれらが安定を見せたとき、それがまだ出来ていない人を国を手助けする。

段位や権威など、何の関係もない。

正拳突きが上手く出来ない者には、出来る者が教えてやる。

後ろ蹴りが上手く出来ない者には、やはり出来る者が教えてやる。

ただ、それだけのことなのだ。

「昔はね、道場も流派もなかった。段位もなかった。空手着もなかった。ただティーチカヤー（手使い）とティーナラヤー（手習い）の区別だけがあった。ティーチカヤーがティーナラヤーを教えてあげるのです。それだけのことなんですよ」

そうか。その二つしか存在しなかったのだ、沖縄の空手界にはもともと。

「しかし銘苅先生、もう一つ存在するものが〈あった〉と私は考えています」

それは、〈名人〉です！

八

「銘苅先生には、知花朝信先生という名人がおられました。沖縄にはまた、上原清吉先生という名人もおられました。私は、ある上原先生のお弟子さんからお聞きしています。名人の技は何一つ伝わらず、今では沖縄にはもう…と。けれども知花先生にはそのまた上の先生が、上原先生にもそのまた上の先生がおられたはず。沖縄の空手の歴史の中で、何故急に近代になって名人の技が消滅してしまったのですか？」

この私の問いに、銘苅はこう答えた。

「戦争です。これでいったん、完全に沖縄の文化は断ち切れてしまいました。私が関わった中国でも、かつては名人が存在していたことはあなたもお聞きだと思います。それが今では以前語ったように、私のアメリカ人の弟子がわざわざ訪ねて行ってガッカリするようなニセモノしかいなくなってしまいました。文革があったからです。前にも言いましたが文化大革命によって多くの名人達が捕らえられ、処刑されたと聞いています。そして生き残れた名人達は皆、台湾に逃れたとも」

炭粉さん、戦争は、戦争だけは絶対にいけません！

形のあるものも無形のものも、大切なもの一切を破壊してしまうからです。


銘苅は空手マスターとしてブラジル、中国、ベトナム、ミャンマーと渡り歩き、その土地土地に（苦労はあったが）尊敬の念を以て迎え入れられ、空手を普及させてきた。

しかしそんな空手マスターの銘苅でさえ、〈真の空手〉を一方で必死に希求して来た。

幼少の砌《みぎり》、知花朝信の神技を見たからだ！

だから、彼は少なくとも知っている。

本当の空手というものが、どんなものであるのかを。

いや、銘苅だけではない。すでにいまは高齢者となってしまった、死去して久しいかつての名人の弟子達も知っているはずだ。

その〈真の空手〉の姿を銘苅から聞いたとき、私は初めて〈国際親善〉と〈空手〉とを結び付けることが出来たのだ。

第五章

一

一旦話は遡る。

平成二十二年も残すところ後一日となった大晦日前日、十二月三十日の夜のこと。

神戸は元町高架下商店街（通称モトコー）の焼き肉屋「泰平」にて、拳友会会長である畑村洋数、私、そして我が嫁の三人で、ささやかな忘年会を催していた。

私事になるが、この泰平という店は昔からの馴染みで、本当に世話になった店だった。古くからこの地で営業しており、味も良かった。かつてその辺りに住んでいた頃に阪神大震災を経験したが、そのときには店の皆と一緒に近くの銭湯（あったのだ、元町には震災直後からなんとか湯を沸かし得た銭湯が一軒だけ！）に並んだり物資を運んだりと、忘れ難い店だった。

そんな焼き肉屋「泰平」が、その日で店を閉じることになった。

寂しいが、致し方ない。

そこでわれわれ夫婦も、店の最終日に「泰平」で忘年会をすることにしたのだ。畑村を誘うと、彼は二つ返事でやって来た。

三人で焼き肉を食いビールを呑んでいる時、畑村が箸を止めてこう言った。

「炭さんはもう二冊も本を出してるんやなあ…羨ましいわ」

畑村の気持ちを察し、私はこう返した。

「ということは、畑やんも本を出したいと?」

すると彼はこう言って来た。

「そう！　氣空術に関する技術や境地を何とか本に著せへんやろか…最近そう思てるねん」

私は諸手を挙げて賛成した。

「それは素晴らしいやないか畑やん！　是非とも書いてよ！　保江先生や出版社には俺が橋渡し役するから！」


「炭さん、手伝うてくれるか？」

「勿論や！　何でもしまっせ！」

「ヨッシャ！　ほんならこれで決まりやな！」

「その代わり、今日の呑みシロ畑やん持てや」

「そー来るか！」

「冗談やがな！」

一同（と言っても三人だが…）大笑いだ。

こうして、いやが上にも盛り上がる楽しい忘年会となった。

そしてこの瞬間、後に多くの武道関係者に少なからぬ影響を与えることになる畑村洋数の快著『謎の空手・氣空術』はその産声を上げた。

二

しかし、畑村の著作作業は困難を極めた。

畑村は所謂天才肌の空手家である。だから彼にとっては当たり前に素早く決まってしまう技をどう文章化するか、まさに手探りである。さらにいえば、畑村の技を彼自身が受けることは出来ない。従って畑村は氣空術の打撃技が相手に決まるとき、その相手の心身双方に何が起こっているのかを知り得ない。だから〈生贄《いけにえ》役(?)〉が必要になる。その役を私が買って出た。突きを蹴りを喰らう度に凄まじい衝撃が来るが、ダメージはない。それこそ保江邦夫との他流試合の後で私が終始一貫して主張して来たように「脳が騙されている」のだ。しかし結果として私は(多分)誰よりも畑村の技を喰らった人間になったと思う。

倒されたり飛ばされたりする度にその印象を畑村に伝え、その技を使う際の畑村の身体の使い方や気持ちを彼自身が分析して記し、数々の技におけるそれらの中から共通概念を抽出してゆく。「クロス」「腕の道具化」「自己放棄」などの造語も、この時に作られた。

技の細部はイラストにすることで分かりやすく工夫しようとするのだが、微妙な動きを絵にするのはなかなか大変だった。

そこへ監修の保江邦夫から「連続写真を多く使おう」との助言があり、畑村や門下生達がその撮影にあたった。

こうして著者の畑村洋数はもちろん、皆の努力の結果『謎の空手・氣空術』は完成した。畑村が脱稿したのは、例の忘年会の明くる年・平成二十三年十月中旬。

そして同年十一月、この畑村の処女作は遂に世に出た。

三

『謎の空手・氣空術』は、発売後僅か一カ月で初版を売り切り、直ちに増刷された。

この売れ行きに、われわれは驚いた。

この本は、少なからぬ武道・格闘技関係者に、不思議な内容との印象を与えたのかもしれない（後年上梓されることになる畑村門下である小磯康幸・高萩英樹共著『氣空の拳』（海鳴社）を読むと、今では氣空術関係者になった人達に如何に強い影響を与えたかが分かる）。

われわれはその結果に満足し、そして喜んだ。

ところが、やがてとんでもない事態となる。既に第三章で語った出来事が起こるのだ。門弟数世界一！　国際空手道連盟会長・銘苅拳一が『謎の空手・氣空術』を読み、さらにＤＶＤ「合氣と空手の融合 氣空術 新次元の受けと突き」を見て、畑村に接近して来たというのだ。

ある日彼は実際わざわざ神戸にやって来て、そのまま畑村門下になってしまったのだ。そして（それが礼儀とはいえ）あれほどの空手家が白帯を締め、その後も熱心に通って来るという。

私は、本当に驚いてしまった。

銘苅拳一はあのＤＶＤを見て、ヤラセとは思わなかったのだろうか。いまさら一体何を求めて、世界中を飛び回る超多忙な世界的空手家が、日本の一地方都市にすぎない神戸くんだりまでやって来ては稽古に励むのだろうか。

四

その頃、私はまだ銘苅とは面識がなかった。私が彼の伝記を書くことになって、取材のために初めて会うようになった。

いろいろと銘苅に質問していくことで彼の人生や哲学を知っていかなければならないのはもちろんだが、それとは別に「何故氣空術の技を見てヤラセと思わなかったのか」に、強い興味があった。あの動きや効果を〈ホンモノ〉と見抜くには、相当の眼力が必要だからだ。

「いや、全くヤラセなんて思わなかったです。もう懐かしくて懐かしくて」

この銘苅の感想から、彼が畑村の技に、かつての名人・知花朝信の技を見ているのは明らかだ。そしてその体験があるからこそ、「ヤラセではない。あのようなことは起こり得るのだ」と看破出来たのだろう。

実は、銘苅は中国時代に中国人女性と結婚し、一人息子がいる。その息子が成長と共に、やはり日本に移り勉強したいとの気持ちを持った。銘苅はそんな息子の希望を叶えるため、妻と共に日本に帰り東京に赴き、母子が日本に留まれるよう手続きを済ませた。これにより銘苅は東京にも拠点を得た。その後、彼は世界を飛び回る狭間を縫って数カ月に一度帰国し、しばらく家族と一緒に過ごし、また世界に向けて飛び立つというライフスタイルを取る。畑村の著書と出会ったのも、何度目かの帰国の際の出来事だった。

銘苅は帰国すると直ぐに東京の大きな書店の武道書コーナーに行くことを常としていた。「本当の武道、本当の空手とは何か」という、言わばライフワークの疑問を片時も忘れられなかったのだろう。

また、帰国すれば所謂武道・武術のセミナーにもほとんど参加したという。どうしようもないものから大いに参考になるものまで、まさに玉石混淆だったとのことだ。しかし大いに参考になったセミナーにて主催者の動きを見ても「なるほど」とは思ったが、決して「懐かしい」という気持ちは起こらなかった。

畑村の動きを見て、初めてそう思った。

やっと見つけたとも思った。

銘苅拳一は私に、そう熱く語りかけた。

五

銘苅への取材は、場所を東京に移すことになる。氣空術東京支部が成立したからだ。

その頃、私には武道上で一つの疑問が生じていた。

やっとの思いで掴んだ〈零式〉の概念を空手に通すと、それは誠に興味深い現象を顕す。先ず構えは普通に立ち、相手を決して凝視しない。それどころか相手の頭の上辺りをボー…と眺めている。無論ノーガードだ。これを続けていると、やがて相手の動こうとする〈気持ち〉が見えてくる。〈動き〉ではない、〈気持ち〉だ。その〈気持ち〉が動いたのが見えたら、ただ相手に普通に歩み寄る。すると相手はまるでアクセルとブレーキを同時にかけたようなギクシャクした動きで兎に角攻撃して来るので、その拳なり脚なりを両手で慈しむように取ると、相手は何故か勝手に崩れるのだ。その様子を動画に撮って見てみると、面白いことに〈結果〉としてその構えは保江邦夫のそれに似、これまた〈結果〉として私の動きは合気道に似た動きになるのだ。いうまでもなく私は、合気道など知らない。空手しか知らない。にもかかわらずだ。その話を銘苅にすると、彼は意外なことを教えてくれた。

「おお、炭粉さん、それは沖縄の瑞泉拳じゃないですか！」

六

昔の沖縄で、首里城の近くに「瑞泉」と呼ばれる泉（井戸）があり、その周りは広場になっていた。その広場で空手を志す者達はやや特殊な稽古をしていた。相手が打撃技にて攻撃して来るのを、その先《せん》を取って相手を固めてしまい、後は投げる。それが「瑞泉拳」の極意だという。

「へー、先生、そんな技が空手にあるのですか」

「前にも申し上げたように、空手には投げ技もありますから。柔道に遠慮して表沙汰にしなかっただけです」

「では、たとえ私の動きが合気道のようなものになっても…」

「そう、空手ですよ。第一、私が目撃した知花先生の動きだって、本当に柔らかい…舞っているような動きでしたからね」

「そう言えば、氣空術を使っての畑村会長の自由組手の時の動きもそうですよね。合気を空手に通せば、会長のガチンコ空手もあのように変化するというワケか…」


その時だった！

私が非常に重要なことに気づいたのは…

七

待てよ…そもそも何故、畑村会長の氣空術が知花朝信先生の技と似ているんだ？


「畑村会長の空手は、冠光寺眞法によって変化した」

「その結果、知花先生の空手技に似て来た」


ということは…


あったのだ！

存在したのだ、初めから！

沖縄、いや琉球の島々に、冠光寺眞法と同じ境地が…!!

保江邦夫を含め俺達はたまたま偶然、全く別ルートからそれに至ったにすぎなかったのだ……

物凄い、それは発見（…と言うよりも〈思い至り〉）だった。

そうだったのか！

そうだったのか…

銘苅拳一は、呆然とする私にさらに教えてくれる。

「定かではありませんが、大東流合気柔術の武田惣角先生が琉球を訪れ、当時の琉球の空手家との交流から後の〈合気〉という概念に繋がるものを学んだとの話もあります。しかしいずれにせよ炭粉さんが以前指摘したように、そういった極意的なものは、われわれの代には全く伝わっていません。戦争によりいったん消え失せてしまったのです」

そうか。

何にしても、武道の道場で大勢の門下生に対して一人の先生が教えようとする時は、最大公約数的な稽古指導をするしかない。例えば空手なら突き・蹴りの形を基本として、何回も繰り返す。そしてその突きにしても、引き手は脇に・引き手は腰に…などの、流派のアイデンティティとなる違いを表現する。習う方もそれにより「自分は〜流の空手を学んでいる」との自負が生じ、級・段という目安を与えられて修行の糧とするしかない。あるいは（ルールに則るという枷《かせ》はあるが）試合に出て、他者との力量差を試しつつ糧とするしかない。

われわれは、いつしかそれを、それ自体を〈空手〉だと思い込んで来たのだ。

剣道も然り。柔道もまた然り。

けれども、極意の原理はもとより透明、即ち〈無形〉なのだ。それ故、各武道のスタイルの違いなど、ハナから超えたところに存在しているはずだ。

無形故に、最大公約数的稽古から、最大公約数的人数の門下生達が、全員悟れるような指導など、おそらく不可能だ。

このことを逆にいえば、どんな武道であれ稽古法であれ、〈掴む者は掴む〉。銘苅は「戦争により」と言った。その通りだ。それは人々が疲弊し、戦勝国アメリカが武道を完全に禁止したということが大きいのかもしれない。しかしそれ以上に…

戦後の日本に、無形の極意の存在を信じ受け入れるという日本古来の精神文化自体が廃れてしまったのではないか。

全てをスポーツとして見てしまう、故に理屈を構築し技術として考えてゆく、新しい文化によって。

もしそうだとすれば、時代が動いたのだ！

そして、時が熟したのだ！

保江邦夫が偶然気付き、炭粉良三がぶつかって行くことで保江に確信を与え、それを見た畑村洋数が（われわれの知るところの）空手に通した結果、グルリと回り戻ったのだ…かつての琉球における（われわれの預かり知らぬところの）空手、いや〈手〉に。

こんなこと、起こり得るのだろうか…

八

しかしながら、畑村の『謎の空手・氣空術』の著作を手伝っていた頃から、実は私にはある種の予感はあった。「謎の空手」と言うが、そもそもこれが「本来の空手」なのではなかったか、との予感だ。

型に対する気づきも、その頃に得た。

今、私の目の前に座する銘苅拳一という人物は、確かにその目で知花朝信の名人技を見ている。

そう、見ているのだ！

その事実を、それを見たこと、いや夢想だにしたことのなかったわれわれが否定する行為は、愚の骨頂というべきだろう。

彼は門弟数世界一の空手家であるとともに、かつて存在した真の空手の目撃者なのだ。

だとしたら…

今こそ解った！

「私の武勇伝などよりも、国際親善の大切さをこそ描いて欲しい」との銘苅拳一の心。

名人・知花朝信の神技を瞼に焼き付けながらブラジルに渡り空手を修行、そしてその神技を少しでも学ぼうと沖縄に帰省するも既に失伝。仕方なくブラジルに戻り他の格闘技を研究しつつ自力で空手の可能性を探るも満されず。やがて縁あって中国へ渡れば、かの国の人達は決して日本を嫌ってはいない、それどころか日本を目標にし、日本を発展させたバックボーンである日本文化を学ぶことを希求していると知る。かくて銘苅の空手は野火の如く、中国そして東南アジアに広まってゆく。

ここで銘苅は思ったのだ、恐らく。

もしわれわれの学ぶところの空手が、決してタテマエではなく最終的には〈和を以て良し〉とする武道であったなら、そしてもし自分がその境地を学べたなら、そしてもし自分の今や一千万人に到達せんとする門弟達に教えることが出来たなら…

その時こそ！

真の国際親善が生まれるに違いない！　と。

空手は武道だ。

だから試合《しあ》う。

しかし、勝って傲《おご》らず負けても悔いず、互いに礼を尽くし尊敬し合い、至る者（ティーチカヤー）は至らぬ者（ティーナラヤー）を教え導き、至らぬ者は至る者に感謝し、共々に切磋琢磨し道として精進する。このとき、試合う勝敗は等価となる。等価とは即ち、どちらも差別なし！　ラグビーでいうところの〈ノーサイド〉の精神だ。試合でこそ、敵味方に分かれ激しくぶつかり合い勝負を決するも、試合終了の後には両者を分かつ〈側（サイド）〉なし！　互いの健闘を称え合うのみ。

氣空術を通して、銘苅はかつての師の技の原理を、愛を見た。

真の空手には試合う前に、そもそも〈空手〉というもの自体の中に、ノーサイドが含有されていたことを。

試合あって、試合なし。

勝って、勝ちなし。

負けて、負けなし。


銘苅拳一は言う。

「試合には必ずルールがあります。だから厳密な意味では、武道たりえない。そして勝った方は『次は負けるかも知れない』と不安になり、負けた方は『次はリベンジしてやる』という気持ちになる。その繰り返しの中に魂の向上は望めないと私は思うのです。昔の沖縄のティーチカヤーはね、『勝負は時の運などではない。お互いに会った瞬間、もう勝負はついている。それを、やってみなければ分からないなどというのは、まだ全然修行が足りないのだ。会った瞬間、見た瞬間に勝敗が分かるようになれば、何故戦う必要があるのか』と言っていました。

つまり武道を修行し極めるとは、即ちそういった境地を得るための精進なのです」

そうか、はなからぶつかり合いなどなし。あるのはただ、そうだ、あるのはただ……

空手道という名の、道だけだ。

真っ直ぐに続く、長く永い道だけだったのだ。

大会に臨む銘苅拳一

終章

「炭粉さん、私はね、やがて自分の本部を沖縄に置こうと思っています。そしてそこへ世界中から自分が育てた高弟達を呼び寄せ、氣空術を学ばせる。さらに、氣空術を納めた高弟達を再び世界中に派遣するのです」

取材で氣空術東京道場を訪れた時、銘苅の帯の色が白からオレンジに変わっていた。

国際空手道連盟会長・銘苅拳一、世界中に数え切れない支部道場を持ち、信じられない門弟数を誇る銘苅拳一、現在オレンジ帯！

身長一メートル六十センチほどの、小柄な、そしてどこにでもいそうな人の良い男にしか見えない銘苅拳一。

だが〈世界一の男〉だ！

気をつけろ、みんな！

ただ者と、思うなかれ！

そんな私の（「何でオレンジ帯なんか巻くんだ銘苅先生！」との憤慨にも似た）気持ちとは裏腹に、実に楽しそうな銘苅拳一。

平成二十八年一月、取材のために今度は新神戸駅構内で会った時、「土産だ」と焼酎を私に手渡しながら、彼はこういった。

「この前、中国に戻り、私が育て上げた師範三百人を召集し、直接稽古をつけて来ました。今年は二月にベトナムに向かうつもりです」

師範、三百人……

彼、一代で……

何て、凄い男なんだろう。

さらに、こうも付け加えた。

「急がすようで申し訳ないが、今書いて頂いている私の本は、出来るだけ早くに仕上げて欲しいのです。何故なら…中国をはじめとしてアジアは…ことによると、また不幸な混乱期が近くやって来るかもしれないからです。そうなる前に、是非とも私がいう〈親善〉の意味を、日本の方々に伝えたい。私は今、そう思っているのです」

「一冊の本を仕上げることはとても大変な作業ですが、分かりました。出来るだけ急いでみます。そのために、銘苅先生も是非とも御協力下さい。次回御帰国の際には、出来るだけ早くに予定をお知らせ下さい」

「分かりました。次の日本帰国は数カ月先になりましょうが、出来るだけ早くに予定を立ててお知らせ致します」


私は静かに、取材ノートを閉じた。

そして「フウ…」と、溜め息を一つつく。

この一年半の間、とても濃い物語を聞いた気がする。

銘苅先生、取材はもうこれで恐らく充分でしょう。有り難う御座いました。

心の中で、そう答えながら。


先生、今度帰国されたら、新宿の例の〈しょんべん横丁〉で是非呑みましょう！　先生がかつて中国人夫婦に見事に引っかかったあの横丁で、心ゆくまで呑みましょう！

その時、出来上がった原稿をお見せすることが出来るでしょう…

「炭粉さん、そう言えばね、昔まだ私が幼い頃、沖縄にいた頃のことです。私は本当に小さい頃から空手をやって来ましたから。稽古の後は大人も子供も皆集まって、強い先生らの武勇伝に花が咲くんですよ。そりゃもう、ワクワクしましたよ。『あの先生、凄いなあ！』『この先生も凄い！』とね。でもね、ある時、先輩のおじさんがね、こう言ったんですよ…」

「本当の手（ティー）はな、力なんか使わんのだ」

思わず、落涙しかけた。
以前なら、驚いたろう。
「何ですって?!」と叫んだろう。
しかし、もう驚きはしない。
驚く、必要もない。

取材のために入った喫茶店を、二人して出る。

銘苅拳一は、今から新幹線で東京に帰るのだ。

お互い、両手でガッチリ握手。

「炭粉先生、」

「め、銘苅先生！『炭粉先生』は止めて下さいッ！　自分は…」

「ハハハ、あのね、今度は是非ベトナムに来て下さい」

「え、ベトナムですか。遠いなあ…銘苅先生の御境地も、ベトナムも、この炭粉良三には…」

「可愛い女の子が一杯待ってますよ。アオザイを着てね」

「アッ…アオザイッ!!　本当ですか先生ッ!!!」


銘苅はカラカラと笑った。


「是非、奥さんと御一緒に来て下さい」

「えーーー？　嫁とですかあ〜…アッ、し、失礼しました！　それでは嫁と一緒に参りますッ、押忍！」

焦って、十字礼を切った。

道着が入っているのか、それとも手土産を一杯買い込んだか、銘苅のリュックはパンパンに膨れ上がっている。

質素なジャンパーに運動靴。

頭にはニット帽。

改札口へと向かうその小柄な後ろ姿はやがて、行き交う大勢のスーツ姿のビジネスマンや旅行者の中に消えた。

私はただ、いつまでも見送った。

ついさっきまで私の目の前にいた、いやいて下さった…稀代の空手家の気配が完全に消えるまで。

その余韻を失いたくない…と、心からそう思いながら。

—完—

後日談

平成二十八年二月十一日、建国記念日の日。

この日、私は二年半ほど前に自ら立ち上げた「冠光寺泪橋倶楽部」における初稽古の指導のため、上京した。

諸般の事情があり、なかなか稽古が出来なかったのだが、遂にそのスタートを切ることが出来る、記念すべき日である。

「御意見無用！　本気のガチンコ勝負において冠光寺流柔術を使えるようにならなければ、意味なし！」との意を持った者が集まる、冠光寺流の〈梁山泊〉。それが泪橋倶楽部だ。われわれの世代ではあまりに有名なボクシング漫画「あしたのジョー」（原作・高森朝雄／作画・ちばてつや）の舞台となった、東京のドヤ街・山谷は泪橋にその場所を求め、この場所に生まれ育ったという生きながらにして既に伝説の男・河井卓治と、冠光寺流柔術のガチンコ活用を誰よりも望む男・山口智章を副会長に、名古屋の小磯康幸共々氣空術の関係者の中で抜きん出て実戦派の高萩英樹らをはじめ十名ほどが参加。大阪からは鍼師であり合気道家の北村光晶（余談だが、もはやいつ死んでもおかしくない状態に陥っている私がこうやって活動出来るのも、彼の名人芸の鍼のお蔭である）が医療スタッフとして駆けつけてくれた。マネージャーとしては河井の妻である美奈子夫人と古参のメンバー律子が就任。

その日の午後三時から、都合で場所を上野に移し、いよいよ初稽古の運びとなったのだ。

会長である私は、誠に感慨深いものがあった。これをスタートさせ得るのも、零式の立場から自由組手においても合気を通すメドがついたからに他ならない。

だが、この日私は少し早めに上京した。

明日の十二日の午前中の便でベトナムに帰る銘苅拳一と、原稿を仕上げる前にもう一度会っておきたいと思ったからだった。

銘苅は私を、新宿にある（彼自身がよく行くという本格的な）沖縄料理店「やんばる」に連れて行った。私はそこで手土産の神戸のチョコレートと、出来上がっている所までの原稿を手渡した。銘苅は追加の写真を私に見せながら、いろいろと説明を加える。後のブラジル大統領になる男への指導、中国に初めて空手協会を設立した時のこと…二人で沖縄蕎麦とゴーヤチャンプルに舌鼓を打ちながら、和やかに話した。

「炭粉さん、中国ではね、何でも第一人者にならないと認めてくれないんですよ兎に角。その代わり、第一人者にさえなれば、その人物の性格がどうあれＯＫという風潮ですね（笑）」

同時にその時、銘苅はさらに彼の夢を話してくれた。沖縄での基地は出来れば離島に建てたいこと、空手の流派はもちろん、柔道でも合気道でも、即ち一切の武道スタイルにもこだわることのない武道の〈寺子屋〉的なものにしたいこと等々だ。

「昔、ブラジル時代の事ですが、私はかの大山倍達総裁ともお会いした事があります。『空手家は皆流派を超え、一致団結しなければならない』と仰っていました。それを聞いて私は『何て素晴らしいお方なんだろう』と、一発でファンになってしまいましたよ」

事実、後に極真会館が中国に進出した際、銘苅はそれをサポートし、一肌も二肌も脱いでいる。

一方で私は、少し意地悪な質問を用意していた。

「先生、新宿と言えば例の〈しょんべん横丁〉も…」

「ええ、ここから近いですよ」

「あの時先生を騙した中国人夫婦を、今でも憎んでいますか?」

「そうですねえ…あん時ゃ、そりゃ腹が立ちましたけどね。けれど考えてみれば、あの時まんまと騙されなければ私は中国へは渡らなかったかもしれませんし、そうなれば今のようなことにもならなかったでしょうからねえ…」

明言を避けた銘苅だったが、確かに彼のいう通りだと私も思った。

「それよりね、東日本大震災の時のことです。中国の弟子達がね、いうわけです。『銘苅先生、日本が大変です。そこで中国中の門下生に連絡取って、日本に送るべく寄付を募りたいと思います。先生、いいですか』と。私は驚きとともに感動しました。それこそ、言葉にできないくらいに。いままでね、中国の門弟達には『空手の極意は〈誠〉に、〈愛〉にあり。これが日本武士道の精神だ』と教えてきました。けれども内心では『やはり中国人には馬耳東風か…』と思うこともあったんですよ。でもね、一度でもそう思った自分が、この弟子達の言葉を聞いて、本当に恥ずかしく思いました。いまでも忘れられませんよ、あの時の感動の気持ちはね」

「だからね、私は思ったのです。中国の人達にも私の気持ちはちゃんと伝わっていると。そして、そうであるならね、空手を通してきっと人類の平和、国際親善に貢献できると。そしてそれこそが私の本当の使命なんですよ」

店を出て新宿駅で握手の後、われわれは別れた。

「先生、どうかお気をつけて！」

「私は次は五月に日本に戻ります。それまでにジックリ原稿を読ませて頂きます」

そして私は河井達の待つ上野の体育施設へと向かう。

冠光寺流柔術を実戦へ！

冠光寺流、そして氣空術関係者の中でも私が例外枠を採る以外は、格闘技を五年以上やり込んだ四十歳以上の男しか稽古参加を認めず！

そして何より、怪我を覚悟で来い！

それが、泪橋倶楽部の参加条件だ。

人生に迷い、何かを掴みたいと願う青年・辻忠文君が、例外枠で参加して来た。

「辻君、そして他の皆さん、怪我を覚悟で来ただろうな?!」

「オースッ！」

「はいッ！　もちろんです！」

「炭粉さん、怪我人が出たら僕が何とかしますから、思う存分やりましょう！」

北村がそう言ってくれた。

よっしゃあ！　ではやるか！

言っておくが、愛もオカルトも通用しない！　あらゆる思い込みも、役には立たない！　格闘はそんな甘いモンじゃない!!

術がかからなければ、鼻が曲がり歯が折れるだけだ。

だが、これだけは言っておきたい。

術が決まれば確かに…確かに「愛」を感じる。

あくまでも〈後付け〉でな。

最初に、全てを教える！

そしていきなり、全力の顔面パンチから入るぞ！

「ウオオーーーッス！」


その時、私は思った。

七年半前の、岡山の片田舎の武道館での、あの他流試合。

あの小さな出来事が、しかしながら今では偉大なる出来事になった。拳友会会長の畑村洋数が氣空術を編み出し、それにより門弟八百万人の銘苅拳一ほどの空手家ですら、動いてくれたのだ…

その銘苅もかつては騙され、そして私は他流試合に敗北した。

一粒の麦、か……

「負けて、良かった」

銘苅拳一のこれまでの、そしてこれからの空手人生に、どうか栄光あれかし！

冠光寺流の、そして氣空術のこれからに、どうか発展あれかし！

銘苅春一先生
式

取材を終えて

今回およそ一年半の間、銘苅拳一という世界的な空手家を数回に渡り取材し、本書を少しずつ書き足して来た。そして一応の脱稿を得たわけだが、終わってみて痛感したのは、自分の〈思い込み〉を解くことが出来て本当に良かったということである。

今「自分の〈思い込み〉」と書いたが、この思い込みは恐らく、決して少なくない日本人が持っているものと推測される。

その〈思い込み〉は二つである。

一つは〈国際親善〉についての思い込み。

今一つは〈空手〉という武術に対する思い込みだ。

国際親善という言葉の意味ぐらいはもちろん知っている。世界の人達が宗教や文化、習慣を超えて仲良くすることだ。そしてスポーツなどの世界大会ではほとんどと言って良いほどに、この国際親善が謳われている。

けれども、本文にも書いたが、所詮は勝負の祭典で、一体如何にして親善つまり相手の国々の人達と仲良くせよと言うのか？　私には、これがずっと疑問だった。

いわんや、アジアにおいてをや。

中国、韓国や北朝鮮、そしてミャンマーやベトナム、インドネシアなどの東南アジアには、根強い〈嫌日感情〉〈反日感情〉があるとわれわれは学校で教わって来た。先の大戦で、日本はこれらの国々に甚大な被害と迷惑とをもたらしたと。

無論、それは否定出来ない。「日本はアジアの国々を解放するために戦ったのだ」といくら叫んでも、それが戦争という形で行われた限り、日本にはやはり大きな責任があるのは当たり前だ。

私はそれを否定しているわけでは決してない。

しかし銘苅と会って取材するうちに、現地の人達は決して（われわれ日本人が考えるほどには）日本を嫌っている訳ではなかったという確信を持つことが出来た。

何しろ中国にて「日本の武術・空手を習いたい人はいますか？」と働きかけた際、あっという間に大勢が集まったのだ。他の東南アジア諸国でも、日本文化に対する憧憬はだいたい共通していたと銘苅はいう。

だからわれわれアジア人は、お互いにもっと仲良く出来るはずだ。そして日本文化を知ろうとしてくれる現地人が増えれば増えるほどに親日派が増え、われわれは意識して親しくするような妙な肩肘を張らなくて済むようになろう。

このことは、まさに目から鱗だった。

「私はね、ブラジル移民となって良かったと思っています。あなた方とは違い、祖国日本を常に外から見ることが出来たからです。つまり私達移民は戦後の日本の教育を受けずに済んだ。それに私達には移民であるからこそ、より日本人たろうとする気概がありました。だから私が少年だった頃の大人の日本人移民達は皆、必死で『日本人でいよう』としていたのだと思います。礼儀作法にも厳しい人達がほとんどでした」

銘苅は当時を振り返り、そう語った。

しかしもう一つ分からないのは、その国際親善の達成に空手など役に立つのだろうか、との違和感だった。

御存知のように、空手は突き・蹴りを主体とする武術、というより格闘技である。ところで我が国では、格闘スタイルとして投げ技には理解を示すが、空手のような打撃技には嫌悪感を抱く文化が先ずある。テレビのニュースを見ていても、暴行事件を報道する際には必ずといっていいほど「殴る・蹴るの暴行〜」と「殴る・蹴る」との言葉を敢えて付け加えるほどだ。「殴る・蹴る」、即ち空手である。だから我が国・日本では「空手をやる」と言えば（剣道や柔道に比べて）確実に一歩引かれてしまう。私も、何回もそれを経験した。「いや、空手は野蛮に見えても決して暴力的な喧嘩ではなく…」などといくら力説してもかえって逆効果であり、決して解ってはもらえない。たとえアジア諸国が日本文化に興味を示していたとしても、そもそも日本文化にそぐわない空手というものが、どうして親善ツールに成り得よう…との諦めの気持ちが、自分も含めわれわれ日本の空手家には多かれ少なかれあるというのが、私の見解だった。

だがこの見解は、八年前に変化の兆しを自分の中で実は見せていた。

キッカケは、保江邦夫との他流試合だった。彼が使う〈合気〉という実に不可解な原理の前に、私の力の空手は通用しなかった。その頃から「ということは、柔術に限らず空手においてもことによると同質の極意が存在するのではないか。そしてガチガチの力ではなく、ソワリと柔らかい技で相手を制する技が空手にもあったのではないか…」との考えに行き着く。

まさにそんな時だった、畑村洋数という空手家が氣空術を編み出したのは。

保江邦夫の影響の下、畑村は見事に合気を打撃技にダウンロードして見せたのだ。

彼の著書は千里を走り、さまざまな方面に影響を与えた。そして遂に、門弟数八百万人を有する空手家・銘苅拳一の目に留まる。

「事実は小説よりも奇なり」というが、その銘苅自身も空手普及の陰で「真の空手とは何か」

を必死に希求していたのだ。幼い頃に名人・知花朝信の神技を目の当たりにしていたからだ。知花の神技と畑村の氣空術との共通性を銘苅から聞いた時、だから私も確信を持てた。「違う！　われわれの知っている空手は、もともとの空手ではない！　それとはおびただしく逸脱した何かに変わってしまっているのだ」と。

もし…畑村が保江の説く〈愛〉という概念で氣空術を悟り、その結果銘苅の見た沖縄の名人の技に接近出来つつあるのであれば、沖縄の空手の原理も同じく〈愛〉になるはずなのだ。

ここに至り、私は愕然とする。

まさに〈親善〉と〈真の空手の姿〉とが、完全に一致したからだ！

稀代の空手家・銘苅拳一が言いたかったこととは、これだったのではないか！

彼は、それを知っていたのだ！

かくて銘苅が私に言った「自分の武勇伝よりも〈親善〉を伝えたい」との言葉に抱いていた違和感が、完全に霧消したのだ。

もちろんこれは、取材を続けた私が個人的に感じ考えたことにすぎない。

だからあるいは、事実とは異なるのかもしれない。

けれども、少なくとも今までの自分の人生の中で、いつしか出来上がってしまっていた〈思い込み〉を〈思い違い〉かもしれないと思えるようになったことは、特筆に値する。

はじめに書いたが、〈国際親善〉と〈空手〉に対して決して少なくない人達が私と同じ〈思い込み〉を持たれていたなら、それを再考する機会を投じることが出来た時、拙い本書も意義を持つのではないか。


ここで、一言記しておきたいことがある。

神戸での最後の取材を終えてから喫茶店を出るまでの間、しばらく雑談となった。

「銘苅先生、私も零式の立場からやっと自由攻防において保江先生と同じことが出来るようになりましたが、その成功率も施術のそれと同じく六割ほどしかありません。さらにいえば、世の中にはどうしても合気がかからない人間も確かに存在します。一体昔の名人は如何にして、十割に近い技の再現性を得たのでしょうかねえ…」

「さて、そこです。われわれも、それを求めての稽古がこれからも続くことでしょう」

「けれども、例えば先生もいつぞや山賊に襲われたように、不幸にして自分や自分の大切な人が襲われたときに合気が間に合わなかったとしたら…」

「そん時ゃ…」

ほとんど異口同音だった。

「空手で殴り合うだけですよね！」

二人して笑った。

先ず、これが出来てからの話なのだ、全てが。

アジアの人たちと仲良く過ごす

さて、そんな一代の空手風雲児・銘苅拳一の取材も終わり、これにて筆を置こうとしていた矢先、ベトナムに戻った彼からメールが送られてきた。

「炭粉さん、実は中国に残している私の高弟達が昇段のためにもうすぐベトナムにやってきます。その時の様子を伝えたいので、脱稿はもう少し待ってください」

メールにはそう記されてあった。了解の旨を送信し、約二週間の後、再び銘苅からのメールが送られてきたことに気付いたのは、その日の早朝だった。そのメールにはこう書かれていた。

「中国の支部長（貿易会社社長）と副支部長（軍医）、そして他三名の計五名がベトナムにやってきました。ご存知のように、今中国とベトナムの関係

は最悪です。南シナ海の南沙諸島と西沙諸島で領有権を争い、まさに一触即発なのです。ですから実は私も今度ばかりは不安を感じました。時期が悪かったか…もう、組手はやらさないほうが良いか…と考えておりました。するとどうでしょう、ベトナムの弟子たちはわざわざ漢字で書いた〈熱烈歓迎〉の垂れ幕を作り、空港まで出迎えに行くばかりか、稽古に入っても分け隔てなく組手もガンガン行ない、そして稽古が終われば互いに感謝を伝え合って、ともに楽しく酒を酌み交わしたのです！　政治的衝突など、どこ吹く風かとばかりに…歓迎会の席上で弟子達は皆で道場訓を読み上げ、『先生、私達は皆、兄弟です。私達は空手の精神で世界の平和に貢献し、銘苅先生に御恩返しを致します。それが先生から教わった、空手の道だからです！』というではありませんか。感動しました。本当に、感動しました。私の思いは伝わり、そして正しかったのです。国際親善に貢献できるのは、魂を磨き鍛える、日本の武道精神であるとの私の思いが！」

心に、蒼く爽やかな風が吹いた。

部屋の窓から見える風景の、東の空の明度が増してくる。やがて夜明けだ。

銘苅先生、あなたという人は…
本当に何て素晴らしい空手家なんだろう。
もう、何も言うことはない。
これで、筆を置こう。

国際空手道連盟会長という重責にあり、文字通り多忙を極める毎日の中にあって、時間を見つけては快く取材に応じて下さった銘苅拳一先生に、深く感謝いたします。押忍。

平成二十八年、桜咲く頃

炭粉　良三

CỔ PHẦN PHÁT TRIỂN KARATEDO VIỆT NAM
ĐƯỜNG UY SƠN
E KARATE CHINA KENSHI KA
熱烈歓迎
Hanoi , 17/3 ~ 21/ 3/2016

鈴長空手道流
SUZUCHO KARATEDO
VÕ
WELCO

銘苅拳一（めかるけんいち）：1946 年沖縄県生まれ。5 歳の頃から空手に親しみ、7 歳の頃に小林流開祖・知花朝信の名人技を目のあたりにする。12 歳の時に家族とブラジルに移民、爾来空手を学び教え続ける。やがて中国に渡り中国大陸に初めて空手を伝え普及に尽力、文字通り「空手の父」となる。その後も中国を中心にベトナム、ミャンマー等の国において空手指導。現在世界中に孫弟子・ひ孫弟子総数 800 万人と言われるほどの門弟数を誇る。畑村洋数の氣空術に感動し入門。多忙の中、帰国毎に研鑽を積んでいる。国際空手道連盟会長。拳士会九段。

著者：炭粉良三（すみこ　りょうぞう）

1956年兵庫県生まれ。45年間、空手を中心に武道を学ぶ。保江邦夫との他流試合を通じて合気の実在を知り、盟友畑村洋数らと共にこれを研鑽、遂に武医共に零式に至り、合気の応用に不完全ながら成功する。作家としても関連書多数（いずれも海鳴社）。

＊＊＊＊＊バウンダリー叢書＊＊＊＊＊
日本の心を伝える空手家 銘苅拳一（めかるけんいち）
2016年 6月15日 第1刷発行

発行所：㈱海鳴社
http://www.kaimeisha.com/
〒101-0065 東京都千代田区西神田２－４－６
Eメール：kaimei@d8.dion.ne.jp
Tel.：03-3262-1967 Fax：03-3234-3643

発行人：辻　信行
組　版：海鳴社
印刷・製本：モリモト印刷

出版社コード：1097

ISBN 978-4-87525-326-6